Para Alice,

com amor

CB041284

José Pacheco

Para Alice,

com amor

Desenhos de Constança Lucas

3a edição
1ª reimpressão

CORTEZ
EDITORA

© 2004 by José Pacheco

© Direitos de publicação
CORTEZ EDITORA
Rua Bartira, 317 – Perdizes
05009-000 – São Paulo – SP
Tel.: (11) 3864-0111 Fax: (11) 3864-4290
cortez@cortezeditora.com.br
www.cortezeditora.com.br

Direção
José Xavier Cortez

Editor
Amir Piedade

Adaptação e notas
Dulce S. Seabra

Revisão
Oneide M. M. Espinosa

Edição de Arte
Mauricio Rindeika Seolin

Dados Internacionais de Catalogação na Publicação (CIP)
(Câmara Brasileira do Livro, SP, Brasil)

Pacheco, José
    Para Alice, com amor / José Pacheco. — São Paulo: Cortez, 2004.

    ISBN 978-85-249-1048-7

    1. Literatura infantojuvenil I. Título.

04-2548   CDD-028.5

Índices para catálogo sistemático:
1. Literatura infanto-juvenil   028.5
2. Literatura juvenil   028.5

Impresso no Brasil – setembro de 2017

Sumário

Prefácio

Arrisco afirmar que todos nós, educadores, gostamos de contar e de ouvir histórias. Imagine então histórias sobre a escola e da escola, contadas por um avô a sua netinha, com todo o carinho próprio da relação. Pois é, esse é o contexto de *Para Alice, com amor*, um livro que nos oferece uma importante reflexão sobre Educação.

Bem, vamos lá.

Vinte e seis anos antes de Alice nascer, seu avô José, um educador corajoso, decidiu romper com o modelo de estrutura e funcionamento até então estabelecido para as escolas portuguesas. O leitor deve conhecer modelos semelhantes aos que José rompeu: alunos agrupados por faixa etária formando a sala de aula por série; tempo para aprender igual para todos os alunos, com a decisão do professor sobre como e quando serão avaliados. Avaliação a serviço da classificação e, o mais sério de tudo, uma escola que exclui. Essas são algumas das características que existiam nas escolas que José conhecia e nas quais até lecionava. Certo dia José decidiu sair de sua cidade de origem, o Porto, e lecionar em um local cujo nome era, no mínimo, curioso: Vila das Aves, na Escola da Ponte. Como informação, trata-se de uma escola pública, situada a 40 quilômetros da cidade do Porto, Portugal.

José, como um homem ousado, no bom sentido, aproveitou a metáfora das Aves e da Ponte e, partindo de suas reflexões e leituras, propôs uma escola diferente. Idealizou e escreveu o projeto "Fazer a Ponte". José transgrediu, ousou, enfrentou, e, com muita sabedoria, solidificou sua obra tornando-a conhecida por gente letrada do mais alto gabarito e reconhecida por educadores comprometidos em todo o mundo.

José criou uma escola em que os alunos, pais e professores estão inteiros no projeto. Pode-se dizer que é a escola da inteireza. Cada aluno traça seu plano de trabalho quinzenal, selecionando objetivos, e avança nos estudos com o acompanhamento semanal de um professor tutor. Além de se preocuparem com seus estudos, os alunos também ajudam os colegas quando já estudaram os referidos objetivos que os colegas "ainda estão a estudar". É um verdadeiro exercício de autonomia e solidariedade. O conhecimento é tratado de forma simples, e não simplória, com a maior seriedade e valorização. E José também se preocupou com a estética. Em todos os espaços de trabalho da escola há um fundo musical – clássico ou *jazz* – que orienta os alunos em relação ao tom de voz do grupo. Ninguém fala, alunos ou professores, sem pedir a palavra erguendo o braço e aguardando a permissão do grupo. O momento mais impactante da semana é a Assembléia dos Alunos. Embora os professores os acompanhem, não participam, só assistem. Há uma mesa composta por presidente, secretários e demais integrantes que se reúnem para discutir os problemas da escola. Os outros alunos que não compõem a mesa participam propondo questões e votando as propostas. Um verdadeiro ato democrático nos é ensinado pelas crianças da escola de José.

E assim os anos foram passando até que Alice nasceu. Seu avô, muito orgulhoso, tratou logo de escrever "cartinhas" à neta para contar-lhe sobre a escola, mesmo muito antes de Alice estar matriculada.

Nessas "cartinhas" José descreve, dia a dia, os tempos anteriores à entrada de Alice na escola. É uma pequena retrospectiva narrada por um educador comprometido com um projeto.

Mas como na vida há poesia, há também prosa. Há cotidiano, há interesses, há falta de compromisso, há o medo de mudar, há o incômodo de quem ousa...

E José incomodou. Não às crianças, professores ou pais. Incomodou aos "grandes homens com pequenas idéias" que queriam que tudo continuasse como antes de José chegar, que não admitiam conviver com um projeto que não controlavam. Queriam destruir o projeto "Fazer a Ponte"!

Nesse clima de tristeza e ameaça a sua obra, José escreve os belíssimos textos de *Para Alice, com amor*, por meio de metáforas primorosas contextualizadas na Vila das Aves. Eles nos revelam os momentos mais difíceis pelos quais passaram José, as crianças e os pais, para que a Escola da Ponte pudesse continuar. Estas são as cartas à Alice, do meu querido amigo José, prosa escrita de forma poética.

Eloisa Ponzio
Educadora brasileira

Para Alice, com amor

Algures, em 30 de agosto de 2007

Querida Alice,

Chegou, finalmente, o dia de seu sexto aniversário. Finalmente, porque a pressa de *ser grande* transforma-se em impaciência quando os anos ainda podem ser contados pelos dedos.

Entre agosto e setembro,[1] entre o brincar sem preocupações e o ir à escola é apenas um pequeno *pulo de pardal.* Dentro de poucos dias, a criança que você é há de se tornar "aluno". Presumo que não vá perceber a diferença, mas não ouso afirmar. Quero apenas acreditar que, em 2007, você já não vá sofrer os dramas que crianças de outras gerações suportaram. Você nasceu no primeiro ano deste século, mas houve alguém que, já no início do século XX, escrevia que aquele seria "o século da criança". Enganou-se.

---

[1] O ano letivo em Portugal tem início no mês de setembro.

Como todas as crianças, você irá sentir apreensão e curiosidade. Fará novos amigos e conhecerá adultos que, supostamente, irão ajudá-la a crescer e a compreender o mundo. É sobre esse mundo novo e misterioso que se abre a seus olhos de menina curiosa que eu venho lhe falar. Vou-lhe contar as histórias que não pude contar quando você era menorzinha. Eu explico...

Nos anos que se seguiram ao seu nascimento, à semelhança de outros professores em início de carreira, seus pais não tinham pouso certo. Ano após ano, viviam a incerteza da "colocação". Eu explico...

"Colocação" era o final feliz de uma angustiada espera. A "colocação" dava a seus pais a certeza de que, pelo menos durante um ano, poderiam fazer o que gostavam de fazer: ensinar e aprender numa escola como aquela onde você irá viver alguns anos de sua vida. E era também nessa aventura diária de ensinar e aprender que seus pais garantiam o seu sustento e asseguravam o seu futuro.

Seus pais conheceram-se, amaram-se e quiseram que você viesse ao mundo num tempo incerto. Não esperaram por tempos seguros, que, nessas coisas do amor, como nas de aprender e ensinar, o que é urgente não deve esperar. E aceitaram a sina

de, ano após ano, levarem a casa às costas para onde o acaso do "concurso" os jogava. Eu explico...

"Concurso" era um estranho jogo, um jogo de acasos, que os professores eram obrigados a jogar naquele tempo. O "concurso" era impiedoso e, no final de cada ano letivo, impunha a violência da separação àqueles que começavam a se conhecer e a se compreender. O "concurso" era cego, pouco se importava com os afetos e nada entendia de criar laços.

Impedidos de concretizar o sonho de fazerem as crianças mais felizes, afastados daqueles que aprenderam a amar, seus pais mudavam de casa, ano após ano. Com a casa, levavam seu berço para lugares distantes de seus avós. Era assim naquele tempo e, só por isso, não pude estar junto de você para lhe contar o mundo pelo caminho dos bosques e palácios de sonho habitados por duendes e príncipes encantados. E você não pôde me ensinar a gramática de tempos que serão seus e que, certamente, já não poderei ver.

Mas sei que seus pais a afagaram com a meiguice das palavras que crescem no coração dos pais. Tenho a certeza de que se debruçavam sobre o seu rosto quando você ainda só falava com o olhar, para lhe dizer do imenso afeto que os unia e de que você era o fruto maravilhoso. Estou certo de que embalaram

seu sono com histórias que a ajudaram a afugentar as sombras e os medos da infância.

Se não lhe disse as palavras doces no tempo certo, agora me redimo. Vou-lhe falar em nome de todos aqueles que, em perturbados tempos, deram-se a utópicas tentativas de dar sentido a experiências que a maioria das crianças da geração de seus pais e avós não puderam conhecer. Vou-lhe falar de professores que acreditavam ser possível pôr humanidade no ato de aprender e ensinar. Quero que você saiba que havia pessoas assim.

Imagino que esteja se perguntando: afinal, do que está falando, vô Zé? Eu lhe falo de histórias que ficaram por contar. Por meio de imprecisas palavras você irá fazer uma viagem ao tempo em que se desenhavam os destinos das crianças futuras, projetos (como então se dizia) de escolas de um devir luminoso. Disso eu lhe falarei amanhã.

Com amor,

Seu avô José

Preâmbulo ao vôo
das gaivotas

Algures, em 31 de agosto de 2007

Querida Alice,

O prometido é devido: a poucos dias de você conhecer o novo mundo da escola, que será a do seu tempo, seu avô vem-lhe contar histórias da escola que foi a de velhos mundos de outros tempos.

A idéia de Escola é muito antiga. Já na Grécia de há milhares de anos havia quem acreditasse que os seres humanos seriam capazes de buscar, em si próprios e entre os outros seres, a perfeição possível. Mas, com a passagem do tempo, essa Escola deixou de fazer sentido, porque deixou de se perguntar se faria sentido ficar parada, vendo o tempo passar. E, assim como um senhor chamado Antonio Vieira pregava aos peixes porque os humanos eram incapazes de ouvi-lo, nesse tempo seu avô enviava recados às aves, porque muitos professores já não sabiam ouvir. Mas passemos à história que hoje tenho para lhe contar...

Era uma vez um reino encantado junto ao mar. Encantado, porque uma fada má havia transformado todos os seus habitantes em pássaros. Junto ao mar, porque convém ao enredo da história. No reino encantado havia cidades e, para além dos muros das cidades, outras cidades e outras escolas. Essas escolas de aprender a voar eram quase todas iguais. E iguais a essas eram outras escolas dentro das cidades das aves.

As avezinhas aprendizes eram todas diferentes umas das outras. Havia o rouxinol e seu maravilhoso trinado; havia a cotovia e seu canto monótono. Iam à escola o melro saltitante e o beija-flor de vôo gracioso. Mas o manual de canto era igual para todos, o manual de vôo era igual para todos. Ensinava-se o piar discreto e em coro. Praticava-se o vôo curto, de ramo para ramo.

Havia o manual para as aulas de piação. Nas aulas dadas pelo manual, os papagaios treinavam seus alunos decorando melopéias sem sentido. Todos ao mesmo tempo, no mesmo ramo, na cadência imposta pela batuta do papagaio instrutor.

Havia o manual (igual para todos) utilizado pela coruja para o ensino do cálculo da velocidade e da direção de vôos jamais materializados. Os vôos lidos no manual eram, obrigatoriamente, muito curtos e obedeciam a critérios que para as jovens aves não faziam o menor sentido. Por sua vez, o galo ensinava o bater de asas de vôos simulados e impunha, aos jovens pássaros, a

repetição do teórico *cocorocar* que os deixaria conformados com o destino de habitar gaiolas e acatar as hierarquias das bicadas. Copiava-se pelo manual de história a história oficial. Outro manual orientava o gavião, que nas aulas de sobrevivência ditava a quantidade de milho, farelo, ou couve picada que seria fornecida diariamente às crias.

Periodicamente, os mochos submetiam o receoso bando de aprendizes ao estranho cerimonial dos testes. As provas eram iguais para todos, num tempo igual para todos, com todos os pássaros aprendizes fechados no mesmo espaço. Se o teste fosse de vôo planado, ainda que, lá fora, soprasse um vento propício ao *looping*, do lugar não saíam. E pouco importava que as asas do albatroz fossem dez vezes maiores que as do estorninho. Às aves mais ágeis eram cortadas as asas, para que acompanhassem o ritmo do mocho. E as aves que não conseguissem bater as asas ao compasso das restantes ficavam, irremediavelmente, para trás. Depois de identificadas, as aves deficientes eram encaminhadas para o cativeiro dos vôos alternativos, ou eram submetidas a aulas de recuperação ministradas por corvos especialistas em vôos rasantes.

Encerrados nas gaiolas douradas da instrução, os jovens pássaros definhavam na repetição de rotinas. Se a calma reinante era perturbada por um grito, ou pela súbita transformação da graciosidade de um vôo num violento choque de asas, tudo voltava ao normal sem demora... O método era a domesticação. Mas se perguntássemos aos adestradores por que domesticavam, não saberiam o que responder.

As personagens centrais da nossa história são as gaivotas. Para dizer a verdade, apenas um pequeno bando de gaivotas dissidentes. Certo dia, elas decidiram afastar-se dos rochedos junto ao mar e partir terra adentro em busca de aventuras.

Aves inquietas e curiosas, arriscavam descer ao fundo de cavernas que tinham servido de refúgio a piratas. Num dos mais profundos recantos de uma das mais profundas cavernas, encontraram um cofre. Dentro do cofre, velhos pergaminhos. Leram-nos. E o súbito achado despertou o desejo de partir.

Em sua longa peregrinação, as gaivotas chegaram a uma terra que ficava entre dois rios. Era um lugar onde as águas, em vez de saciarem a sede de todas as aves e refrescarem suas penas nas tórridas tardes de verão, corriam turvas e em proveito de alguns passarões.

Sobre essa aventura eu lhe falarei na próxima carta.

Com amor,

Seu avô José

No tempo em que as aves falavam

Algures, no primeiro dia do mês de setembro do ano 2007

Querida Alice,

Estávamos nós num tempo de há muito tempo, num tempo em que as aves falavam à semelhança dos seres humanos. Mas se quiséssemos estabelecer paralelos entre dois mundos, difícil seria saber se, naquele tempo, o dom da fala era uma característica da condição humana, se as pontes de entendimento iriam do mundo dos pássaros para o dos homens, ou deste para o dos pássaros.

Creio mesmo ser injusto, por exemplo, que se diga da caturra que "só lhe faltava falar". Esse pássaro encantador – que talvez você se recorde de ter visto quando pequena, na casa de seus pais – era bem mais eloqüente que alguns seres humanos que seu avô conheceu.

Nesse tempo, encerradas na clausura cinzenta das gaiolas de instrução, as aves eram treinadas para perpetuar o método único, que consistia em trocar o belo canto pela repetição de monótonas melopéias entoadas em escalas descendentes. O *borogóvio*, "pássaro magro, de aspecto desagradável e com as penas todas grudadas umas nas outras",[2] era quem melhor se adaptava ao método único. Pássaro ridículo, "uma espécie de vassoura viva", no dizer de L. Carrol, aderia incondicionalmente à regra do "sempre foi assim" e tinha por comparsas os *porquenãos*.

Aos pássaros porquenãos competia vigiar o cumprimento das normas e rituais de adestrar as jovens aves. Os porquenãos, que assim se chamavam por não saberem explicar por que faziam o que faziam – era assim porque era assim... e pronto! –, dificilmente coexistiam com os pássaros-mestres propriamente ditos. Os porquenãos eram aliados dos ratos e das víboras, animais do solo, invejosos e maledicentes. Os pássaros-mestres dormitavam nas copas inacessíveis aos ratos cavernosos e às víboras rastejantes.

À vista desarmada, não havia quem conseguisse distinguir uma espécie da outra. Aos pássaros-mestres não restava alternativa senão a de piar em segredo, aprisionados nos galhos altos. Porque, se algum porquenão conseguisse intuir o perigo da diferença, nunca mais os pássaros-mestres teriam sossego. Só lhes restaria mudarem-se para uma outra gaiola dourada, de preferência bem distante daquela. E havia ainda os *porquenins*, animais de outro reino, sempre de acordo ora com uns ora com outros, conforme a ocasião.

---

[2] Referência ao pássaro dodô, de *Alice no País das Maravilhas*, do matemático e escritor inglês Lewis Carrol (1832-1898).

Talvez seja difícil para você, Alice, que vive outros tempos, compreender por que pássaros sem alma roubavam primaveras e impunham céus cinzentos a muitas gerações de aves escolarizadas. Acho difícil explicar-lhe a exclusão de aves especiais, privadas da compreensão e do apoio de gaivotas plurais. E parece-me impossível conseguir explicar-lhe o emudecer do canto dos bosques, esmagado por letais silêncios e sombras. Mas falemos da viagem das gaivotas...

Eram aves migrantes e dissidentes, essas gaivotas. Eram aves marginais à história dos pássaros absorvidos por vidas que abdicam de viver. Nada tinham de comum com suas irmãs, que não arriscavam o vôo que as afastasse da costa e que, entre o nascimento e a morte, apenas conheciam o cheiro nauseabundo dos esgotos e o frêmito dos medos. Como você já percebeu, as gaivotas de nossa história não seguiam o rastro dos barcos de pesca nem debicavam peixe podre.

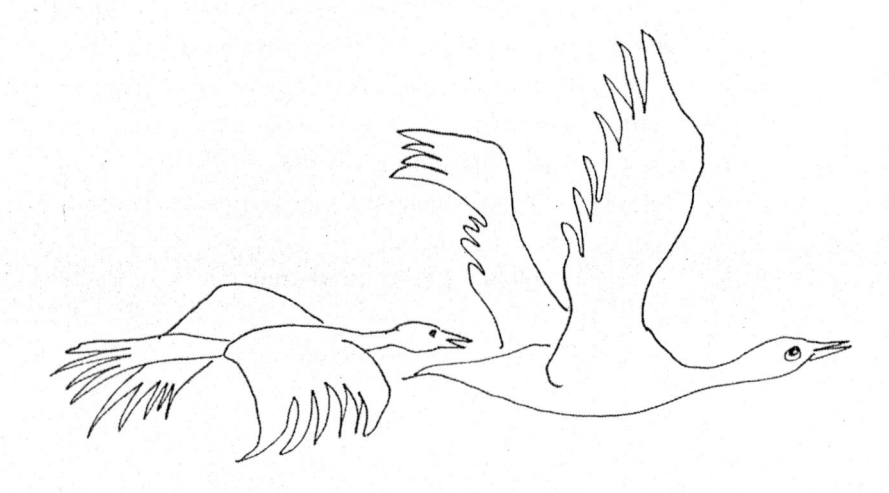

Durante a viagem, as gaivotas tiveram encontros felizes. Mal começaram a afastar-se da costa, encontraram um corvo-marinho. Voava alto e vertical, e nem deu pela presença das gaivotas. Avistou um peixe nas águas claras e mergulhou vertiginosamente, para logo emergir saciado e de penas secas e limpas. As penas eram negras, como as que vestem os pássaros que conheceram as longas noites sem vôo e a arte de peregrinar. O corvo-marinho aceitou o convite das gaivotas e partiu com elas para a aventura.

Mais tarde, as gaivotas avistaram martins-pescadores, que procriavam no recôndito de túneis escavados nas barreiras que bordejavam os rios, numa umbilical ligação com as águas. Verdade seja dita: não as guardavam, porque as águas corriam sempre por outro lado, ou porque a ignorância dos homens transformava essas águas em charcos estagnados. Os martins-pescadores já quase tinham esquecido os remotos ecos do fresco gargalhar de jovens almas refrescando-se em jogos de água e ilusão. Mas as gaivotas chegaram a essa terra entre dois rios e logo os trinados de pássaros livres regressaram a suas margens. Porque, entre as demais, uma gaivota sugeria aos jovens aprendizes voar o voar mais longe nas asas do sonho.

Sei que você vai gostar dessa história. Depois lhe conto.

Fique em paz e com o amor

de seu avô José

E se uma gaivota pousasse na Torre de Pisa?...

Algures, em 2 de setembro de 2007

Querida Alice,

Certamente você se lembra da descrição de "um reino encantado, onde uma fada má havia transformado todos os seus habitantes em pássaros". Porém agora preciso fazer uma correção. A fada não era má, era uma espécie de Oriana[3] atenta às necessidades dos homens, mas que se cansou de protegê-los, porque até a paciência das fadas esgotou-se naquele tempo, um tempo em que muitos homens passaram a ser presa fácil da palavra corrompida, usada para confundir, quando a palavra humanidade passou a ser escrita com letra minúscula.

Diz-se que o nível moral da humanidade pode ser medido pelo tratamento dado às crianças, aos

---

[3] Personagem de *A fada Oriana*, da escritora portuguesa Sophia de Mello Breyner Andersen (n. 1919).

velhos e aos animais. Pois, naquele tempo, era negado às crianças o direito a uma escola onde pudessem aprender a ser sábias sem deixar de ser pessoas felizes. Os velhos eram deixados nas enfermarias dos hospitais, quando se aproximava o tempo das férias. No início de cada verão, cães e gatos eram abandonados em lugares ermos. E havia quem ganhasse dinheiro apostando no cão que mataria outro cão em lutas organizadas pelos "homens". Havia quem se divertisse com o sofrimento de animais nas arenas, quem se deleitasse a destruir ninhos, ou a observar pássaros definhando em gaiolas. Como aquele pássaro de que nos falava um verdadeiro homem de nome Rubem Alves, um pássaro encantado que "colhia morangos à beira dos abismos", sem temer os abismos ou se deter no vôo com que os transpunha.[4]

As aves evitavam a proximidade dos homens, por não se sentirem em harmonia com um tempo infectado de preconceito e maledicência. Encontravam refúgio em pequenas comunidades humanas que ousavam resistir ao contágio da crueldade e da competição, doenças do espírito que não deixavam ver os outros como seres, mas como coisas na relação com outras coisas.

Os avós nunca mentem, enganam-se. Por isso, eu corrijo: "era uma vez... uma fada que transformou homens em pássaros". Porém, logo que a fada lhes entregou os destinos dos seres que habitavam os mares, as terras e os céus, esses pássaros edificaram cidades e, para além dos muros das cidades, outras cidades feitas

---

[4] Referência ao conto "A menina e o pássaro encantado", do escritor e educador brasileiro Rubem Alves (n. 1933).

de gaiolas e capoeiras na costumeira agitação: um bater de asas, um cacarejar aflito, o sangue a gotejar para uma tigela com vinagre. Indiferentes à dor, sem uma emoção fingida sequer, sem um tênue sentimento de compaixão, entre o ovo e a panela, as aves viviam uma existência sem sobressaltos e... sem vida. A repetição do galináceo martírio amolecia a firmeza do caráter e quase todas as aves se rendiam ao fatalismo de um cativeiro feito de grades e mortes prematuras.

Nas escolas da cidade das aves, perdera-se o sentido da infância. Nos intervalos do cativeiro, o canto transformava-se em grito, a graciosidade do vôo em violentos choques de asas, como se a revolta fosse uma forma superior do desespero que abrisse caminho para outros céus. Mas *as carteiras não se transformavam em árvores, nem os tinteiros se transformavam em pássaros.* E as avezinhas com defeito eram reunidas num só ninho, onde rasgavam as asas nas armadilhas que a escola tecia.

As gaivotas acreditavam que todas as aves conseguiriam voar, se fossem aperfeiçoando o vôo, se lhes fosse permitido voar a seu modo, se não lhes fosse imposto o ritmo de vôo de todas as outras aves. Acreditavam que todas as avezinhas aprendizes se sentiriam seguras no regresso ao ninho após cada vôo curto, que se ampliaria devagarinho, à medida do debelar dos medos e do sarar das penas.

As gaivotas buscavam o pássaro tão próximo do que se pudesse ser. Cuidavam dos pássaros que os ventos ou o desleixo dos progenitores faziam cair dos ninhos. Acolhiam aves caídas das escolas iguais a todas as escolas. Cumulavam de afeto as asas feridas. Mas pensavam ser urgente que todos os pássaros-mestres se encontrassem, refletissem juntos o futuro de todas as aves e resolvessem o problema das aves excluídas.

Após muitas tentativas, conseguiram organizar uma reunião, por ficarem os pássaros instrutores dispensados dessa função. Mas, aos pedidos de cooperação, um pássaro instrutor porquenão respondeu *porque não... e pronto!* Outro porquenão respondeu que depois diria alguma coisa, porque já se fazia tarde para levar os filhotes a lições de reforço para afinar o canto. Outro disse logo que não lhe sobrava tempo para aulas extras.

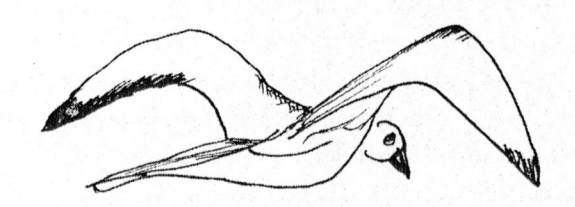

Outro ainda perguntou se lhe aumentariam a ração de alpiste pela prestação do serviço. Um porquenão comentou para o lado que deveria haver escolas especiais para as aves especiais. E lá se foi a par dos restantes, rogando pragas às gaivotas pelo tempo que o fizeram perder, e ameaçando atiçar os progenitores das aves aprendizes contra as gaivotas e suas estranhas idéias.

Você acha, Alice, que as gaivotas desanimaram ou mesmo desistiram? Não, porque elas sabiam que até o suave contato de uma gaivota no cimo da Torre da Pisa pode acelerar a sua queda...

Seu avô José

Uma história quase triste

Algures, em 3 de setembro de 2007

Querida Alice,

No tempo em que seu avô tinha a idade que você tem agora, um pássaro livre chamado Camus[5] disse que as grandes idéias vêm ao mundo mansamente, como pombas. Para que nos possamos aperceber de sua presença, basta sermos capazes de ouvir, "no meio ao estrépito de impérios e nações, um discreto bater de asas, o suave acordar da vida e da esperança". As gaivotas de que lhe falei na última carta eram aves atentas a esse suave bater de asas. Conscientes da inversão de valores que apodrecia a comunidade *avense*, lançavam para o espaço interrogações maiores que o medo, que acordavam recordações da infância, acendiam caminhos e juntavam sons dispersos, para que o derradeiro pássaro não encerrasse as asas e o temerário canto.

---

[5] Albert Camus (1913-1960), escritor e filósofo argelino.

As gaivotas inventaram outros modos de viver e de voar. Contrariavam os porquenãos (já lhe falei neles), pássaros com tendência para amanhecer demasiado tarde e beber silêncios no degredo dos ninhos. Se existia uma ave-do-paraíso, algum paraíso haveria algures e, crentes na bondade dos pássaros, as gaivotas ergueram uma escola entre dois rios, onde renascia a ternura nos ramos expostos ao doce embalo de novas aragens. Aquelas aves tinham nascido sem destino, sem corredores aéreos delimitados. E, porque o seu sonho se consumou quando já nada se esperaria da escola, tudo ainda era possível.

A fama da escola das aves chegou longe. Ainda que muitas outras escolas de vôo não acreditassem no novo método de voar, vinham pássaros de toda a Terra, em longas migrações, só para verem se era tal como se contava. Dos olivais aos montados, das serranias aos vales profundos, acorria à escola das aves uma grande diversidade de pássaros e de intenções. Os pássaros que se reviam na fala das gaivotas delas se aproximavam. E, se alguns as desdenhavam, outros se lhes juntavam: o rouxinol com o seu maravilhoso trinado, o melro saltitante, o beija-flor de vôo gracioso...

Mas esta é uma história talvez triste. Um dia, vinda do outro lado do rio, caiu sobre a escola das aves uma praga de maldade. Algumas negrelas (aves palmípedes que, em latim, são chamadas de *fulica criatata*) urdiram uma sórdida conspiração. Importa realçar que foram apenas algumas negrelas, não todas, pelo que os atos insanos de um pequeno bando não poderão ser estigma para as restantes, porque a maioria das negrelas permaneceu fiel à verdade e à retidão.

Num primeiro momento, o pequeno bando de negrelas invadiu o espaço da escola, parasitou saberes e imitou o canto de outros pássaros, para roubar-lhes o futuro. As gaivotas acreditaram nas negrelas, deixaram-se enganar pelo seu encantatório canto. Espantaram-se quando as negrelas recusaram elevar a alma à altura do sonho, quando as negrelas decidiram trocar a liberdade pela proteção dos galhos velhos da densa vegetação das margens de charcos e lamaçais. E, por tudo ter sido tão súbito e surpreendente, as gaivotas ficaram indefesas perante os ataques que se seguiram. As gaivotas aperceberam-se de quão frágeis são os espaços de liberdade. Aves sem cuidados, foram presas fáceis para as traiçoeiras arremetidas de predadores. Os ares ficaram empestados por grifos instigados pelo bando de negrelas. Essas aves de rapina saciaram os apetites nas carcaças podres dos cadáveres dos pássaros que sucumbiram. Os grifos não diferiam de outras aves, que são emplumados itinerários entre

ingerir e evacuar, e eram tão vorazes que, por vezes, não logravam levantar vôo dos campos da morte.

As negrelas que se esconderam nas árvores de troncos putrefactos deixaram atrás de si um rasto de destruição. E não passou muito tempo até que os ventos trouxessem do outro lado do rio ecos de infâmias. Aves de mau agouro ensaiavam papagaios, que são, como se sabe, aves que repetem disparates sem cuidar de saber dos efeitos. Atreveram-se mesmo a publicar falsidades nos jornais da passarada, pois ignoravam que a ignorância não é pecado e que o pecado está em não querer saber.

Não pense, querida Alice, que na história dos pássaros sejam raros episódios tão tristes como o que acabo de narrar. Nem pense tampouco que o mal possa alguma vez triunfar. Na história dos homens, houve um Galileu que foi caluniado e perseguido pela Inquisição, só porque afirmava que a Terra girava em volta do Sol. E houve outro galileu caluniado e perseguido, só porque transgredia por amor e anunciava novos

tempos.[6] Porém, até na morte triunfaram.

O que parecia inevitável não aconteceu. Os papagaios calaram o bico, as aves de rapina encolheram as garras, o pequeno bando de negrelas dispersou, a grande comunidade das negrelas sossegou, e a escola das aves ressurgiu. Como vê, é tudo uma questão de tempo, esforço e esperança. Tudo o que é justo e verdadeiro ergue-se das cinzas, como a Fênix, que é uma ave da mitologia. As gaivotas da nossa história continuaram a sobrevoar mares longínquos em busca de novos sóis, animadas da coragem que permite reconstruir ninhos devassados, e envolvidas numa verdade tranqüila, acima da espuma dos dias e de marés negras, em vôos jamais adivinhados.

Seja como as gaivotas, querida Alice.

Seu avô José

---

[6] Referência a Galileu Galilei (1564-1642), físico, matemático e astrônomo italiano, e a Jesus, galileu.

Era uma vez... uma pedra da idade da pedra

Algures, em 4 de setembro de 2007

Querida Alice,

Como sabe, uma pedra é coisa para não sair do lugar onde nasce – poderemos, neste caso, atribuir a um objeto inerte qualidades do que se supõe estar vivo... E aquela era uma pedra mesmo pedra, teimosamente enraizada no lugar onde o nascimento do universo a tinha plantado. Estava plantada mesmo juntinho à escola das aves.

Há muitas espécies de pedras. Mas aquela pedra pertencia a uma espécie rara. Era uma pedra da idade da pedra. Geração após geração, como toda a pedra que se preze, a pedra da idade da pedra tudo ouviu e nada disse. Mas a pedra da idade da pedra não era uma pedra qualquer, era uma pedra especial, uma pedra de sentar para encontrar amigos. Sempre que uma pequena ave cansada de voar ou uma gaivota saciada de espaço nela pousava

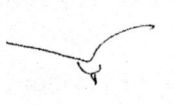

para repousar, logo a pedra mágica se transformava num ninho de afetos que atraía outros pássaros de doce chilrear. A pedra da idade da pedra era para a escola das aves como a pedra angular das catedrais. Não era uma pedra de sustentar abóbadas, mas inspirava idêntico sossego e exalava a mesma doçura que tem um pelicano de asas imensas, protetoras. Em tempos adversos, quando os céus ficavam cobertos de nuvens de negros presságios, era aquela pedra da idade da pedra que zelava pela conservação da herança de tempos suaves.

A pedra da idade da pedra era também a fiel guardiã da memória dos pássaros. Há pedras assim, fundadoras, que contagiam a memória dos pássaros jovens com pressentimentos de antigos e aconchegados ninhos. Numa das manhãs que sucederam à medonha invasão das negrelas, calhou de uma gaivota pousar sobre a pedra da idade da pedra. A gaivota estava exausta. Só a memória de distantes e admiráveis dias lhe concedia algum ânimo para resistir, porque, entre certas espécies, os pássaros que cometem crimes gozam de impunidade, e alguns até chegam a ocupar altos galhos na hierarquia. Nesses nichos de pássaros de duvidosa moral, quanto mais alto o galho, maior a impunidade. Por isso, os pássaros despidos de alma conspiravam na sombra e debilitavam laços.

Tudo o que lhe venho narrando nestas cartas se passou enquanto você aprendia a balbuciar as primeiras palavras, sem se dar conta de viver um tempo sombrio. Como ia dizendo, numa das manhãs que sucederam à medonha invasão das negrelas, calhou de uma gaivota pousar sobre a pedra da idade da pedra, uma pedra que não era igual a outras pedras, uma pedra detentora de inefáveis dons, de uma clara magia. Sempre que uma gaivota nela pousava e cerrava os olhos, subia da pedra da idade da pedra um suave perfume e eflúvias meditações produziam-se. De imediato, do recanto mais íntimo de um lugar onde os homens supõem não haver lugar para a imaginação, assomavam humanos pássaros, míticos seres a que se convencionou chamar anjos. Esses seres alados, dotados de brancas e poderosas plumas que os elevam acima dos vôos dos rasantes humanos, despertavam na mente das gaivotas memórias de tempos futuros, em que o arrojo de um Ícaro já não teria a temer o ardor do Sol. Não me refiro ao "sexto anjo, que mergulhou a sua taça no grande rio Eufrates, secando-o e preparando o caminho para os reis de Leste", mas àquele que, na Bíblia, avisava o mundo de um iminente "Juízo Final".

As gaivotas da escola das aves não se preocupavam somente com as avezinhas que nela habitavam. A gaivota que pousou na pedra da idade da pedra pensava nos bandos que peregrinavam na direção da primavera que despontava ao Norte. A gaivota meditava sobre o destino das aves que, pelo mês de março, seguem o curso do Tigre e do Eufrates, rumo às longínquas terras do Norte, para aí nidificar. A gaivota sabia que o instinto já havia afastado as cegonhas e os pelicanos de África e que, por força da cupidez de alguns homens, as aves migratórias arriscavam-se a perecer a meio caminho de uma longa viagem.

Há milênios, Aristófanes[7] escreveu uma peça de teatro que tinha por título *Aves*. Nessa peça, as aves detinham qualidades dos seres humanos e por aí nenhum mal viria ao mundo, bem pelo contrário. Ao invés, imaginar a humana imperfeição detentora de dotes aéreos inquieta e aterroriza, se evocarmos a chuva mortal derramada por pássaros metálicos sobre cidades

---

[7] Aristófanes (450 a.C.?-385? a.C.), escritor grego, um dos principais autores de comédias de seu tempo.

indefesas... Porém, o que para assustadiços pássaros poderia constituir motivo de profundos receios foi para a gaivota desta história uma presença apaziguadora, uma promessa de tempos prometidos, em que o lobo pastará com o cordeiro; de um tempo em que os infiéis abutres, à míngua de pútridas carcaças, se transfigurarão em vegetarianos; de um tempo em que o Tigre e o Eufrates não mais serão sobrevoados por terríficas ou fugidias aves, mas por vôos serenos rumo ao Éden, o paraíso que os textos sagrados situaram nas terras que foram da antiga Suméria; de um tempo em que os ares se cobrirão de pombas transportando ramos de oliveira... Foi isso mesmo que o anjo evolado da pedra da idade da pedra segredou a uma gaivota comovida e muda perante tanto sofrimento e tamanha destruição.

E o coração da gaivota sossegou.

Seu avô José

A lição do pássaro Dodô

Algures, em 5 de setembro de 2007

Querida Alice,

Há muito, há muito tempo mesmo, vivia nas praias de Madagascar uma espécie de cisne, um pássaro meigo de nome Dodô. Era uma ave estranha, pois, contrariamente a outras espécies, não temia a proximidade dos homens. E, por não os temer, essa espécie de pássaros foi exterminada. Homens ignorantes e cruéis – que também os havia nesse tempo... – divertiram-se a persegui-los e matá-los.

Um livro que nos fala das aventuras de uma outra Alice descreve o paradoxo do pássaro Dodô. Depois do dilúvio causado pelas suas próprias lágrimas, Alice chega a uma praia onde encontra vários animais, todos eles encharcados e com frio. O pássaro Dodô sugere que façam uma corrida para se aquecerem. Todos começam a correr, cada qual para seu lado, cada qual escolhendo o seu próprio percurso.

É fácil de entender que todos os percursos eram diferentes, dependendo da vontade e gosto de cada um dos animais. Quando, no final da corrida, todos estavam quentinhos e a salvo, perguntaram ao pássaro Dodô quem teria sido o vencedor. Como cada um correu como e por onde quis, o pássaro Dodô declarou que todos tinham sido vencedores de suas próprias corridas. Raros são os seres humanos que entendem a sutil sapiência dos pássaros. Mas eu sei que você, querida Alice, vai compreender a lição. Sei que seus pais a ensinaram a escolher caminhos. Imagino que seus caminhos irão se cruzar com outros caminhos, com ou sem rotas definidas. Sei que você, com seus seis anos de idade, não está condicionada por sentidos obrigatórios, nem contaminada pela vertigem das ultrapassagens. Saberá inventar venturosos mapas, respeitando os que optarem por inventar os seus.

Essa idéia da divergência de percursos, sejam eles itinerários paralelos ou alternativos, é tão antiga como a imposição das veredas por onde correm à desfilada e em atropelo jovens pássaros aprendizes da perseguição de fugazes pódios e honrarias. O mais certo será que, em suas deambulações, você veja passar pequenos gansos recém-saídos do ovo, seguindo um homem como se fosse o pai-ganso. Um sábio chamado Lorenz[8] fez essa experiência, e a etologia nos diz haver pássaros que seguem o bando que lhes trouxer maiores vantagens, ou que mudam de rumo, ao sabor das aragens.

---

[8] Konrad Lorenz (1903-1989), zóologo austríaco, fundador da moderna etologia, estudo comparativo do comportamento humano e animal.

Os antigos romanos observavam o vôo das aves, neles decifrando desígnios e presságios. Atentas à necessidade e à possibilidade de propiciar diferentes viagens às jovens aves aprendizes, em muitas escolas de vôo do início do seu século, também os aspirantes a gaivotas despendiam parte do seu tempo na observação de cada frágil bater de asas. Depois, ensaiavam a interpretação das vontades de voar – sempre diferentes de pássaro para pássaro – e desenhavam esboços de trajetos aéreos, que cada pássaro aprendiz reelaborava segundo seu ritmo e sua deliberação.

Em discretos ninhos, no mais recôndito das escolas dos pássaros, havia mestres que se arriscavam a questionar a tradicional pedagogia do vôo. Essas gaivotas eram cuidadosas, procuravam não dar nas vistas, mas nem sempre estavam prevenidas contra as investidas dos pássaros porquenãos (você se lembra, querida Alice, de que os porquenãos se chamavam assim por considerarem que não era assim... e pronto!), e eram o alvo preferido de aparências de pássaros. Aparências, porque dispunham de asas, mas não eram aves. Voavam, mas pássaros não eram. Vampiros se chamavam.

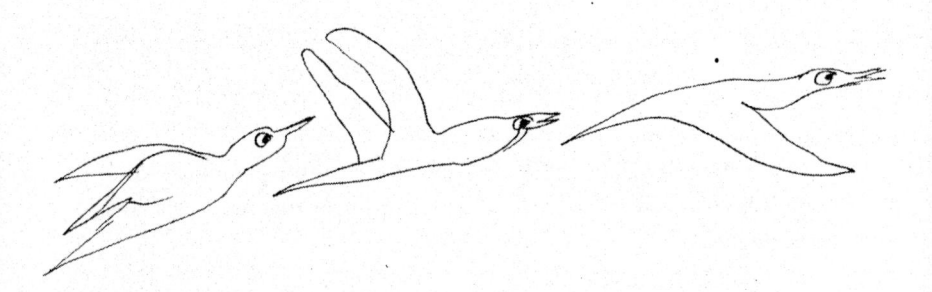

Houve uma gaivota mutante de nome Zeca Afonso,[9] que foi perseguida por vampiros do seu tempo. Foi proibida de ensinar o voar de modo diferente. Porque, lá do fundo de escuros e inacessíveis antros, os vampiros vigiavam e sufocavam mestres e escolas. Durante muitos anos, os vampiros exauriram *quem lhes franqueasse as portas à chegada*. Nos primeiros anos do seu século, Alice, os vampiros ordenavam aos porquenãos que ensinassem a voar a todos como se de um só se tratasse, como se cada pássaro não fosse um ser único, impossível de ser repetido. *Batendo as asas pela noite calada*, apoiavam os abutres e papagaios detratores da arte das gaivotas, em pérfidas investidas contra tudo o que pressentissem divergente. *Com pés de veludo*, chegaram mesmo a publicar éditos interditando vôos vários.

Naquele tempo, as gaivotas a tudo resistiram com suprema paciência, pois tinham por aliados os pais das aves aprendizes, e por sonho o fazer das jovens aves seres mais sábios e mais felizes.

Quero que saiba, querida Alice, que o mesmo Deus que punha a mesa para os pássaros velava pela conservação dos vampiros. O Deus das gaivotas era o mesmo dos vampiros, e sabia que, se os vampiros desaparecessem, alguma coisa se perderia e *o mundo ficaria mais pobre*... Mas, na sua onisciência, também sabia que os vampiros passariam e que o sonho ficaria à espera de despertar numa outra gaivota, mais adiante.

Seu avô José

---

[9] Zeca Afonso (1929-1987), compositor e cantor português, autor de "Os vampiros", um dos marcos da canção de intervenção na época da ditadura.

A escola de uma nota só

Algures, em 6 de setembro de 2007

Querida Alice,

No tempo em que seus olhos se habituavam ao céu do Sul de sua infância, seu avô atravessava esse mesmo céu no ventre de um pássaro de metal, respondendo aos apelos de aves sequiosas do fermento que faz levedar os sonhos. Nesse tempo, também as palavras voavam, mas no ciberespaço, nas asas que homens de engenho lhes deram. De modo que, cada vez que regressava do outro lado do oceano, já as idéias e sentimentos de muitos e maravilhosos pássaros haviam chegado à minha caixinha do correio eletrônico (correio eletrônico era um utensílio que usávamos no tempo em que você veio ao mundo). Veja um pedacinho de uma dessas mensagens:

"Caro Zé, (...) eu continuo na minha pesquisa, juntei algumas coisas, servirão bastante para colocar 'a pulga atrás das orelhas dos professores'. Quem sabe eles não dão o famoso pulo-do-gato e reinventam formas de compreender o que está acontecendo com

seus alunos? Veremos. É impressionante como os dirigentes dessa educação brasileira ainda não perceberam por onde se vai a Roma! É mexendo com o corpo e a alma dessa criançada que eles vão. Só o governo é que não vê. Finalmente digitei o texto. Aí segue. A 'escola de uma nota só' só recebe alunos que toquem a escala de dó. Os professores só entendem quem canta num mesmo tom. Essa escola não consegue entender quem aprendeu música na rua, no campo, ou quem não aprendeu música nenhuma. Felizmente, alguns professores já aprenderam a ouvir diferentes melodias e sensatamente construíram outros sons. Mesmo assim, para a grande maioria a demais música ainda soa incompreensível, necessitando de um ajuste na melodia. Dizem que estas crianças têm uma forma diferente de aprender a cantar e até – quem sabe! – de pensar. Falam de uma dificuldade articulatória que, por conta desta palavra feia, torna necessário um método todo especial. Tenta-se juntar essas crianças, se possível reagrupando-as num mesmo tom, para que uma educação especial seja cuidadosamente a elas ministrada. Nela se prepara uma pauta especial e um maestro especializado. Vão continuar com a música meio fora de tom, mas não haverá afinados por perto para provocar, para mostrar quanto eles desafinam. Mas para muitos educadores esta história está tomando outro rumo. Educadores como nós, que acreditamos em uma educação especial para todas as crianças, juntas, trabalhando as diferenças e igualdades. Optando pela vida tal qual ela é, sem redomas. Estamos lutando pela inclusão de todos os alunos com alguma deficiência, mas não nos esquecemos de milhares de alunos que são expulsos dessa mesma escola, que, insistimos, é para todos. Nossa escola não está preparada nem para as crianças consideradas normais, muito menos para as pessoas com deficiência. Por que queremos uma escola onde afinados e desafinados *façam parte da mesma orquestra? É porque acreditamos que todas as crianças têm o direito a crescer em ambientes o mais livres possível e juntas, independentemente de raça, credo ou capacidade intelectual. Queremos uma escola preparada para ouvir todas as músicas de variados tons. É nela que realizamos nosso exercício de cidadania, onde vivenciamos e incorporamos os valores sociais e morais, pela cooperação entre os indivíduos. Nela, de fato, a afinação da orquestra acontece. E, como já dizia o poeta, 'no peito dos desafinados também bate um coração'."*

Esta sensível mensagem foi-me enviada pelo beija-flor que habitava o frágil corpo de uma mulher, e terminava assim: "*Um grande beijo e toda a paz para você. Nos veremos. Susana.*"

"*Nos veremos*" – disse a Susana. Mas não mais nos voltaríamos a ver. Decorridos dois meses, esse frágil beija-flor iria deixar o nosso mundo mais pobre pela sua ausência. A Susana soube ocultar a doença que a condenava a partir demasiado cedo. Até o fim, pôs entusiasmo em tudo o que fazia. Até o fim, buscou a "escola policromática" a que se referiu na interpelação que me fez no decurso de uma conferência.

No final dessa "fala" (como chamam às conferências no Brasil) que seu avô fez sobre a escola das aves, disse-me que havia reparado no modo peculiar com que eu me despedia das pessoas: "Até logo!" Sublinhou que um "até logo" tanto poderia significar que nos voltaríamos a encontrar mais logo, nesse

mesmo dia, ou que nos encontraríamos mais tarde... ou na eternidade.

Sentindo aproximar-se o tempo de partir, a Susana vivia intensamente aquela despedida, como se fosse a derradeira. Após um longo silêncio, de um olhar de dizer e não dizer, fitou-me longamente e repetiu a saudação: "Até logo!" Que distraído eu estava! Absorto nas coisas que consideramos importantes, ignorante do drama, respondi, natural e laconicamente: "Até logo!"

Há seres humanos, querida Alice, que vivem como pássaros. Que, de tão belos, espalham em seu redor um doce perfume que os resgata da lei da morte, uma fragrância que fica a pairar sobre a terra dos pássaros muito para além do tempo de viver. A Susana partiu discretamente, numa migração sem regresso. Por ter vivido em harmonia com a respiração dos pássaros, mora agora numa estrela, ou habita a grande catedral do espírito. As notas da sua escala em arco-íris harmoniosamente se subdividiram em meios e quartos de tom. Multiplicaram-se. Da claridade da sua alma transmigrada partiram raios de luz em todas as direções, num SOS captado por corações puros de pássaros disponíveis para entoar novas melodias e interrogar as "escolas de uma nota só".

Até logo!

Seu avô José

O Pássaro Encantado

Algures, em 7 de setembro de 2007

Querida Alice,

O mocho é uma ave noturna, discreta, atenta. Talvez por isso, no imaginário dos homens, sempre foi associado à idéia de sabedoria. No início do século que precedeu aquele em que você veio ao mundo, foram muitos os mochos sábios que denunciaram a tenebrosa noite que a Escola atravessava. Um desses sábios inventou a seguinte história:

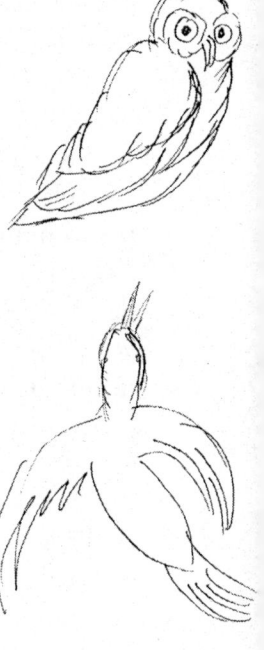

"Um belo dia, deu o diabo um pulo à terra, e verificou que aqui ainda se encontravam homens que acreditavam no bem. Como não faltava a Satanás um fino espírito de observação, pouco tardou a se aperceber que essas criaturas apresentavam características comuns: eram boas, e por isso acreditavam no bem; eram felizes, e por conseqüência boas; viviam tranqüilas, e por isso eram felizes. O diabo concluiu, lá do seu ponto de vista, que as coisas não iam bem, e que se tornava necessário modificar isso. E disse para consigo: 'A

infância é o porvir da raça; comecemos pois pela infância.' E o diabo apresentou-se perante os homens como enviado de Deus e como reformador da sociedade. 'Deus', disse Satanás, 'exige a mortificação da carne, e é preciso começar desde criança. A alegria é pecado. Rir é uma blasfêmia. As crianças não devem conhecer nem alegrias, nem risos. O amor de mãe é um perigo: efemina a alma de um rapaz. Torna-se necessário que a juventude saiba que a vida é esforço. Façam-na trabalhar; encham-na de aborrecimento.' Eis o que disse o diabo. Então, a multidão exclamou: 'Queremos a salvação! Que devemos fazer?' 'Criem a Escola.' E, seguindo o conselho do diabo, a Escola foi criada."

Não terá sido em vão a denúncia das trevas que envolviam a Escola. Em breve, você poderá, sem receio, dar os primeiros passos num mundo maravilhoso de descoberta dos outros, ir ao encontro de saberes das coisas vivas e inertes, e da redescoberta de você mesmo. E não era essa a realidade que esperaria por você há meia dúzia de anos, quando a Escola ainda era uma invenção do Demo...

Nesse tempo, a par dos gestos claros das gaivotas e de outras aves de branca magia, havia o contraponto da magia negra de pássaros doentes de inveja, que negavam a realidade e tentavam abolir a esperança. Hoje não lhe vou falar desses tenebrosos pássaros. Evocarei um Pássaro Encantado, ser raro, sensível, que no tempo em que você nasceu contava a história de um *"pássaro branco com cauda de plumas fofas como algodão"*, que chorava e tinha saudades como os humanos nem sequer conseguiriam imaginar.

Esse Pássaro Encantado incompreendido pelos pássaros cativos era a esperança dos pássaros fraternos e sonhadores.

Comovia-se perante o canto inventado por um outro pássaro mágico de nome Bach, ou quando escutava melodias inventadas por Ravel, um pássaro que deixou muitas melodias por inventar... O Pássaro Encantado havia lido *A poética do devaneio*, de Bachelard, e descoberto poetas que punham palavras nos sentimentos. Apaixonara-se pela poesia de uma gaivota de nome Pessoa, que escreveu: *"Quando te vi, amei-te já muito antes. Tornei a achar-te quando te encontrei..."* [10]

Não há fronteiras para as aves migradoras. As cegonhas, por exemplo, percorrem milhares de quilômetros em cada ano, para cumprir o seu destino. Há patos que percorrem grandes distâncias entre as terras onde perpetuam a espécie e o lugar onde se protegem das invernias. Por isso, o Pássaro Encantado abalou para o outro lado do mar, ao encontro da escola "com que sempre sonhara".[11] Depois, apercebeu-se de que o sonho não habitava apenas aquela escola das aves, que o sonho morava em muitas, muitas escolas e gaivotas.

O Pássaro Encantado preocupava-se com o futuro dos jovens pássaros, mas não conseguia abstrair-se da necessidade da felicidade do imediato. Animado do brilho dos inícios, ia de terra em terra, ensinando a desaprender, ajudando a

---

[10] Pássaro encantado: referência a Rubens Alves (ver nota 4, pág. 26); Johann Sebastian Bach (1685-1750), compositor alemão da época barroca; Maurice Ravel (1875-1937), compositor e instrumentista francês; Fernando Pessoa (1888-1935), poeta português; Gaston Bachelard (1884-1962), filósofo e ensaísta francês.
[11] Referência ao livro *A escola que sempre sonhei sem que soubesse que existia*, de Rubem Alves.

desinventar o que o Diabo tinha inventado. Seguindo o exemplo do Pássaro Encantado, muitas gaivotas conscientes de que *o tempo foge enquanto a eternidade avança*, ousavam reinventar a Escola. E, porque sabiam que, se a Escola fora invenção do Diabo, o Diabo fora uma invenção dos homens, as gaivotas já reivindicavam a felicidade do *aqui e agora*. Tudo isso se passou no tempo em que você nasceu, para que tivesse direito a ser feliz. Ainda que a escola o tivesse esquecido, ao longo das trevas em que esteve imersa até há escassos anos, o fim último da Escola é mesmo ser feliz.

No já distante ano de 2003, na estante do quarto que foi o lugar onde seu pai cresceu e se transformou no maravilhoso ser que a gerou, coloquei os livros que o Pássaro Encantado ia escrevendo (livros eram objetos pelos quais os humanos passavam a sua herança cultural, de geração em geração). Ali permanecem, à espera de que a escola que, em breve, irá acolher você lhe conceda o privilégio da paixão de procurá-los, de abri-los, de saboreá-los. Sei que você absorverá a benfazeja mensagem.

Há quem afirme haver genes culturais. Há quem acredite que, tal como os átomos se perpetuam corpo a corpo, também os sonhos se perpetuam nos seres a que damos vida. Tal como os livros, fico esperando seu primeiro gesto.

Seu avô José

Um sabiá me contou...

Algures, em 8 de setembro de 2007

Querida Alice,

Na última carta, eu lhe falei de um Pássaro Encantado, que me fez atravessar o mar e conduziu-me a lugares onde o mundo retoma a forma prometida de um "novo mundo". Foi no eco dos seus passos que encontrei um sabiá de canto suave. No país do Sabiá, seu avô desfrutou de novos sabores e significados. Foram doces as horas conversadas no afago de sutis olhares tranqüilos. Quisera eu que fossem mais longas. Porém, tal qual a Cinderela da história que seu avô lhe contou, o Sabiá deveria voltar do lugar de onde partiam pássaros metálicos para a cidade dos *dirigíveis que voavam em todas as direções, à altura das janelas.*

Com o Sabiá partilhei *memórias* de uma Escola de que, certamente, você irá estranhar o perfil, mas que ainda era a mesma no começo do século em que você veio ao mundo. Era uma Escola que procurava justificações, mas que vivia amarrada a superstições. Contava mais de duzentos anos, estava velha, rabugenta. Uma fada má tinha-a fadado a encerrar jovens almas censuradas entre muros altos.

O Sabiá contou-me que audazes aventureiros (Tolstoi, Neill...)[12] fundaram reinos de fantasia, que alguns "cavaleiros andantes" investiram contra o monstro, mas que as lanças se quebravam na dura carapaça. Contou-me o Sabiá que pássaros românticos (como Pestalozzi, Ferrer...)[13] assumiam a denúncia de que a Escola estaria, há muito e sem se dar conta, imersa numa profunda contradição. Vieram pássaros sábios de Medicina (Decroly, Montessori...)[14] e formularam diagnósticos. Mas no tempo em que os microscópios permitiam enxergar micróbios, ainda havia quem aconselhasse o recurso a rezas e mezinhas. A Escola recusava o espelho onde se mirar. Precisava *se alimentar da ausência de imagem, recusar uma memória inquietante.*

Até que foi chegado o tempo dos profetas (Rogers, Freire...),[15] um tempo em que os guardiães de obsoletos templos atiravam hordas de medonhas criaturas contra qualquer nicho onde pressentissem despontar o sonho de pássaros que recusassem

---

[12] Referência a Liev Tolstoi (1828-1910), escritor russo, e a Alexandre O'Neill (1924-1986), poeta surrealista português.
[13] Johann Heinrich Pestalozzi (1746-1827), filósofo e educador suíço; Francisco Ferrer (1859-1909), educador anarquista espanhol.
[14] Ovide-Jean Decroly (1871-1932), médico e educador belga; Maria Montessori (1870-1952), médica e educadora italiana.
[15] Carl Rogers (1902-1987), psicólogo norte-americano; Paulo Freire (1921-1997), pensador e pedagogo brasileiro.

voluntários suicídios de asas. Contou-me o Sabiá que algumas dessas criaturas paravam a investida e prostravam-se na contemplação da transparente ternura da profecia, mas que poderosas sombras corroíam as pontes que davam passagem à utopia.

Era bem verdade. No exato tempo em que você completava seus dois primeiros anos, as gaivotas da escola das aves sentiam, mais uma vez, o sabor amargo da perfídia que ofuscava o brilho deste *planeta de céu de anil.*

Ítalo Calvino – um pássaro de rara beleza e vida breve – imaginou Marco Polo descrevendo perante Kublai Kan uma ponte, pedra a pedra. Marco Polo insistia na idéia de que uma ponte não é sustida por esta ou por aquela pedra, mas pela linha do arco que elas formam. Sem nada entender, o poderoso Kublai

Kan disse que apenas o arco lhe interessava e ordenou a Marco que parasse de falar de pedras. Marco Polo respondeu que sem pedras não há arco... [16]

Os poderosos de todos os tempos sabiam que toda a ponte tem a sua pedra angular, mas ignoravam que uma pedra sozinha não segura um arco. Nesse segredo residia a força da ponte. Poderia vergar sob o peso de uma moral caduca feita de tabus e superstições, mas não cedia. E, se havia quem quisesse destruir o ato criador das gaivotas da escola das aves, as pontes para o futuro da Escola resistiam na sólida consistência das pedras fundadoras.

Talvez se torne mais fácil para você, que vive outros tempos, compreender por que motivo, no tempo em que você nasceu, pássaros sem alma roubavam primaveras às frágeis gaivotas e impunham-lhes céus cinzentos. E também compreender que as pontes servem para unir margens, ainda que *tanto mar* haja para cumprir. E também que, tal como as águas cortadas vão correr por outro lado, *ali, logo em frente, a esperar pela gente, o futuro está.*

Hoje posso lhe dizer, querida Alice, que os dias em que você ensaiava os primeiros sons e os primeiros passos foram para seu avô dias de dúvida e ansiedade. Mas, nesse tempo, a par da melopéia do chapim-real, que quebrava o silêncio das noites, a memória de futuros encontros com o doce cantar do Sabiá dava alento às gaivotas desoladas e exaustas.

---

[16] Referência ao livro *As cidades invisíveis*, do escritor ítalo-cubano Ítalo Calvino (1923-1985).

Naqueles fins de tarde de dias incertos, no bater de teclas de uma máquina usada no tempo em que você nasceu (chamada computador) eu encontrava arautos de prodígios e reencontrava o significado de "país irmão". Ao ritmo de um digitar que diferia do ritmo de pensar, eu recolhia os ecos de um SOS solidário que consolidavam pontes de fraternidade. E, *contornando a imensa curva norte–sul*, embalado no suave flutuar de aragens atlânticas, o Sabiá celebrava um canto que ninguém conseguia sufocar. Pois, se a ponte resistisse, não importava que a *aquarela* da nossa tênue vida se fosse... *descolorindo*.

Seu avô José

Setembro

Algures, em 9 de setembro de 2007

Querida Alice,

Se eu pretendesse escrever o seu diário, poderia imaginá-la dizendo: *"Hoje é o dia 30 de agosto de 2001. Fiquei sabendo que nasci no exato dia em que um senhor chamado Louis Armstrong faria cem anos, se ainda andasse entre vivos.*[17] *Subitamente, um clarão, estranhos sons e movimentos, até que me sinto agarrada pelos pés, cabeça para baixo, de mão em mão, de braço em braço... é a isso que chamam 'nascer'? Passado o sobressalto, envolvem-me numa estranha pele, deitam-me ao lado de um respirar lento e benfazejo, e há uma outra pele que me toca com suavidade. Retomo a calma. Sinto o afago de dedos ternos, bem diferentes dos sobressaltos de há pouco. Depois, uns lábios doces e sons em que pressinto alegria. Depois, uma outra pele mais áspera num toque trêmulo e amigo. Depois, é tal qual a*

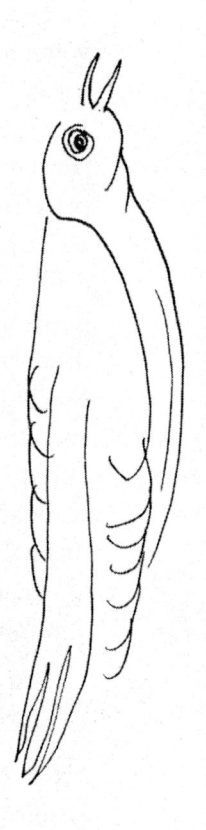

---

[17] Louis Armstrong (1901-1971), trompetista e cantor de jazz norte-americano.

'adoração dos magos': os meus pais não param de olhar para mim. Devo ser mesmo importante..."

Muitos agostos se passaram já. E muitos setembros de voltar à escola. Até chegar este setembro, que será para você o início da aventura de ir à escola e reaprender.

O setembro de há cinco anos era ainda um tempo de contemplar você envolvida no decifrar dos segredos deste planeta perdido num mar de estrelas. Era um tempo de estar ao seu lado sem impor presença, porque estar ao lado de alguém é diferente de estar com alguém, e eu só queria reaprender com você, discretamente. Nesse setembro de há cinco anos, eu observava suas deambulações pela casa, surpreendia-me com a sua busca de sentidos, e os singelos significados que você encontrava naquilo que para um avô já não tinha mistério. Porém, tinha muito mais sentido a sua virginal consciência da realidade do que as realidades que provocavam a erosão inconsciente deste seu avô, no choque com tanta inconsciência que, naquele longínquo setembro, se erguia à sua volta.

Eram naturais em você os gestos de raposa cativando um principezinho. Você já tinha ouvido a história e conhecia o valor da rosa para esse maravilhoso saltimbanco do espaço.[18] Você só

---

[18] Referência ao livro *O Pequeno Príncipe*, e a seu autor, o escritor e aviador francês Antoine de Saint-Exupery (1900-1944).

não havia entendido uma outra história que seu avô lhe contara: a do pirilampo, ou vagalume, e da cobra. Expliquei-lhe que pirilampo era um bicho que voava, mas não era ave. E que, embora houvesse cobras voadoras, cobras também não eram pássaros. Descrevi a perseguição movida pela cobra ao pirilampo e a perplexidade do inseto que, não fazendo parte da cadeia alimentar da cobra nem lhe tendo causado qualquer dano, perguntava por que razão a cobra o pretendia devorar. "Porque me incomoda o teu brilho" – respondeu-lhe a cobra.

Na idade de outros entendimentos, você descobrirá a moral da história (como diria um senhor chamado La Fontaine,[19] a cada fábula a sua moral...). Você também descobrirá que não é fácil lidar com utopias quando elas são reais. E que a mentira muitas vezes repetida mata a possibilidade da alegria diante da beleza de uma utopia concretizada. A escola das aves tinha resistido à praga que sobre ela se abatera, mas eram ainda visíveis os vestígios de destruição. Nunca as gaivotas pensaram em degredar as aves infectas, mas estas conspiravam em recantos sombrios.

No torpor dos dias sempre iguais de um setembro sombrio de há cinco anos, os abutres vigiavam o silêncio sinistro de outras aves. O falcão de bico curto e adunco esquecia a agilidade e praticava a obediência, perseguindo presas que o amo determinava, regressando sempre servil à mão férrea. Os papa-moscas caçavam insetos. A poupa vegetava por entre vinhedos, catando terrenos de cultivo na procura de lagartixas. Oculto pela ramaria, o abelharuco dava caça a abelhas e vespas.

---

[19] Jean de La Fontaine (1621-1695), poeta francês, autor de inúmeras fábulas.

A gralha tagarela sobrevivia como o escaravelho colado à bola de excremento. Na ignorância dos dias invulgares, a vida decorria igual, a lama transformava-se numa espécie de céu com nuvens de gozo mole...

Mas acredite, Alice, que uma vantagem que a verdade possui é a de, apesar das tentativas de asfixia sofridas, despontar, em tempos futuros, em outros seres inquietos. E que até mesmo os mais dóceis pássaros possuem o dom da indignação, pois não é apenas nos filmes que os corvos se revoltam...

Nesse setembro de incerteza vivido há cinco anos, desejaria ver o mundo pela candura de seus olhos. Na passagem do mundo fantástico para o mundo dito real, nem tudo acontece como nos contos de fadas e o mundo que eu via era o da esperança a consumir-se em negros presságios. Mas também é verdade que a esperança mora nos olhares que só conhecem os limites do infinito, cresce nos gestos de quem procura a desimposição de discricionárias imposições.

Nesse já quase esquecido setembro, os pássaros que acreditavam serem detentores de um poder discricionário sobre outros pássaros ignoravam o que, muito tempo antes, tinha escrito um rouxinol de nome Aleixo,[20] um pássaro trovador que não precisou ir à escola para ser poeta e sábio: "quem prende a água que corre é por si próprio enganado; o ribeirinho não morre, vai correr por outro lado".

Seu avô José

---

[20] António Aleixo (1899-1949), escritor português, um dos mais representativos poetas do povo.

Gestos simples

Algures, em 10 de setembro de 2007

Querida Alice,

Não sei se já lhe contei a história do beija-flor (os avós passam os dias a repetir recomendações e a contar a mesma história, não é?...). É uma fábula tão curta, que se conta em poucas linhas. Mas é também tão rica de ensinamento, que não cabe num só compêndio. Conta-se que, certo dia, houve um incêndio na floresta – no tempo em que você nasceu, havia mãos criminosas que ateavam fogos destruidores – e todos os animais se puseram em fuga. Todos... exceto o beija-flor. Ia e voltava, ia e voltava, trazendo uma gota de água no bico, que deixava cair sobre as labaredas e a terra calcinada. E, quando um dos animais em fuga o interpelou, dizendo ser impossível extinguir o fogo daquele modo, o beija-flor respondeu: "Eu sei que não são estas gotas que vão apagar o fogo, mas eu faço a minha parte..."

Talvez o beija-flor da história tivesse lido um livro de muitos livros, onde está escrito que mais vale acender uma luz do que maldizer a escuridão.[21] Isso não sei. O que sei é que, a par da invasão das negrelas, da sanha das galinholas e dos ataques dos urubus, as gaivotas da escola das aves conheceram a generosidade do beija-flor, a inabalável fé dos colibris, e aprenderam o dom da solidariedade de muitos pardalitos.

Instigado por abutres, cuja vontade era fazer da escola das aves, à semelhança da rainha do sonho de outra Alice, uma fileira de cabeças cortadas, o chefe dos pássaros quis ver tudo explicadinho, tintim por tintim. Para isso, enviou emissários, que observaram a escola, lá do alto, ou pousados no telhado. Investigaram os mais secretos recantos, estiveram atentos ao mais leve chilrear. Partiram para dizer ao chefe dos pássaros tudo o que tinham visto e escutado, e que em nada correspondia ao que as negrelas tinham dito, ao que os abutres tinham escrito e os papagaios tinham repetido. Mesmo assim, o chefe dos pássaros fez-se desentendido...

Na vida dos pássaros, há momentos em que, perante a infâmia, como ante a beleza de certos gestos, nem chorar se consegue. Eram tempos de profanação aqueles de que lhe venho falando. Mas eram também tempos de um adormecer calmo, na expectativa de manhãs que lavassem toda a infâmia que sobre a escola das aves se abateu. Os pássaros que habitam as trevas assustam pelo poder da maldade que sempre estão prontos a usar. Mas a maldade pouco ou nada pode diante do brilho sereno da verdade.

Estava a escola das aves imersa numa angustiante espera, quando foi acariciada pelo sussurrar das palavras necessárias.

---

[21] Antigo provérbio chinês.

Os pardais são pássaros agitados, mas de que se depreende uma benfazeja simplicidade. E foram as palavras singelas de um pardal que chegaram sob a forma de e-mail:

"*Caro Zé, tenho seguido com grande preocupação a situação da escola das aves. Está em causa a possibilidade de os pássaros, todos os pássaros, poderem viver livres das grilhetas dos poleiros mais ou menos opressivos e das anilhas que os violentam. Pena é que não faltem por aí velhos urubus à espreita da carne apetitosa e prontos a cantar vitória sobre o que sobrar. Mas fique sabendo que os pássaros da escola das aves não estão sozinhos. Cá fora, há muitos pardais perdidos debaixo de um céu carregado de nuvens escuras, que apenas aguardam um sinal para fazer o que for necessário.*

Para todos esses pardalecos, a escola das aves – onde, um dia, quase todos foram beber um pouco da água mais cristalina que já se viu na floresta da pedagogia – é um lugar aonde regressam, se não fisicamente, espiritualmente, para que seja possível continuar o vôo. Sei (porque vi!) que na escola das aves se aprende a voar alto, mesmo muito alto. E o vôo começou a ser tão alto, tão alto, que foi observado em paragens longínquas. Até que, certo dia, um grupo de galinholas, que de voadoras tinham pouco e cujas asas apenas serviam para disfarçar a sua própria mediocridade, lembrou-se de arrasar a escola das aves. Queriam fazer do cinzento do seu céu o cinzento de todas as vidas. Porém, os pardalitos, que são muito sossegados mas voam em bando, juntaram-se num instante e aguardaram a palavra para agir. Para que o cinzentismo não voltasse. Para que se pudesse pintar os dias dos pequeninos pássaros com as cores da alegria.

Receba a solidariedade de um pardal que, um dia, pousou na escola das aves. E que ficou mais simples e puro, como tudo o que acontece por aí."

Querida Alice, no tempo em que você nasceu, um pássaro de voluntários exílios disse que o homem mais sábio que havia conhecido não sabia ler nem escrever, mas decifrava os pequenos grandes segredos que a Natureza encerra. Comungava da simplicidade dos pássaros, plantava árvores e tratava-as com desvelo. Um dia, esse homem sábio de simplicidade abraçou, uma por uma, as suas árvores. E, nesse mesmo dia, morreu.

Um abraço estreita a distância entre ritmos pautados no lado esquerdo do peito, ou afaga a mesma árvore que acolhe os pardais, no fim de cada tarde. Ambos são gestos simples, de comunhão com um ritmo que é bem diferente do frenesim que se apossou das cidades dos homens. Abraços e pardais estão em profunda harmonia com um tempo pressentido no vai-e-vem das marés, e que as horas dos homens não medem. Saibamos ler nos gestos simples uma verdade maior: a certeza das manhãs e dos reencontros.

Como vê, querida Alice, o beija-flor e o pardal são pássaros pequenos, mas dão grandes lições. Como vê, querida Alice, a vida pode ser lida num abraço de despedida como num saltinho de pardal.

Voar em vê

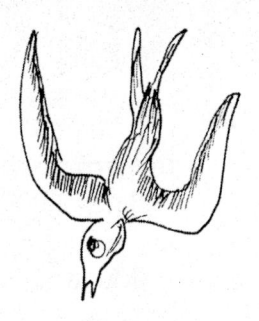

Algures, em 11 de setembro de 2007

Querida Alice,

Neste mesmo dia de há seis anos, pássaros metálicos derrubaram torres altaneiras e semearam a morte nas terras do norte. Na mesma terra de onde partiram, num outro 11 de setembro, mensageiros da morte que semearam sofrimento no sopé dos Andes, nas terras do sul.[22] É verdade, querida Alice. Nos dias que sucederam a seu nascimento, o reino dos pássaros vivia ensombrado pela compreensão de uma evidência: as sociedades que dispunham das melhores escolas eram as mesmas sociedades que produziam exércitos ocupantes e seres egoístas que, em nome do seu conforto, envenenavam os céus de

---

[22] Referência ao atentado terrorista que destruiu as torres do World Trade Center, em Nova York, no dia 11 de setembro de 2001, e ao golpe militar no Chile, em 11 de setembro de 1973, liderado por Pinochet.

todos os pássaros com gases letais. Nesse tempo, também por meio da escola se perpetuavam insanos ciclos de violência e morte.

Muito antes, no primeiro ano do vigésimo século da era dos homens (no tempo de um discreto anunciar da era dos pássaros), uma andorinha enunciou uma premonição jamais consumada. Essa andorinha acreditava que o vigésimo século do tempo dos homens seria chamado "o século da criança".[23] Acreditava que a escola faria dos pássaros e dos homens seres mais sábios e mais felizes. Porém, durante todo esse século, a escola apenas reproduziria velhos rituais sem sentido. A escola dos homens não produzia humanidade. Produzia bonsais humanos. E, no princípio do século em que você nasceu, a escola já nem sequer ensinava (como pode uma escola ensinar, se nunca acariciou ninguém?).

Mas foi também por essa altura que uma outra gaivota (de nome Jean) explicou o que a ciência dos homens havia aprendido com as suas companheiras vindas das terras do sul. Sendo as gaivotas da nossa história pássaros *aprendizes até ao último bater do coração* ficaram presas à descrição da maravilhosa criatura. E a andorinha Jean contou às gaivotas segredos que ajudaram a melhorar a escola das aves.

Quando a proximidade do verão impelia as andorinhas a partir, elas voavam sempre em bando, desenhando no céu a forma de um vê. Quando uma andorinha batia asas, produzia uma corrente de ar ascendente que ajudava a progressão das

---

[23] Referência a Gaston Miliaret, autor do *Tratado das ciências pedagógicas* (1969) e de *O ato de aprender*.

companheiras que voavam atrás de si. Se, por efeito de um golpe de vento ou tentação de lonjura, alguma andorinha se afastava do bando, logo regressava ao seu amplexo protetor. E, quando a fadiga assaltava a andorinha que ocupava o vértice da cunha voadora, logo outra andorinha corria a ocupar o seu lugar. Poderia parecer que a andorinha que voava à frente de todas as outras cortava o vento sem ajuda de ninguém... Puro engano: se perante os seus olhos se estendia o sem-fim do espaço, atrás de si, todo um bando a impelia para a frente e conferia-lhe a escolha do rumo. Aliás, enquanto durou, a ciência dos homens apurou que as andorinhas que voavam no aconchego do bando emitiam sons que animavam as que, por contingência, ocupassem os lugares da frente.

Essas e muitas outras lições aprenderam as gaivotas – sempre prontas a aprender com outras aves –, mas a maior das lições foi dada por uma andorinha que, apercebendo-se do drama vivido pela escola das aves, por ali se deixou ficar, enquanto durou o cerco imposto pelos abutres, negrelas e papagaios. É certo e sabido que nenhuma andorinha, em seu perfeito juízo, se deixaria ficar, trocando o certo pelo incerto, arriscando a vida. Mas esta aceitara plantar ninhos em outros beirais. Como sempre acontecia perante a simplicidade e beleza dos pássaros – que me traziam à memória a simplicidade e a beleza esquecidas por muitos homens – quedei-me num silêncio comovido perante o gesto da andorinha resiliente.

Imagino, querida Alice, que você esteja se perguntando: como pôde essa andorinha se arriscar, expondo-se aos rigores da invernia e ao peso das saudades do futuro? Sabemos que uma andorinha é criatura de hábitos gregários, que não sobrevive à solidão e que, quando aprisionada, resiste secretamente em silêncios que falam de vôos por dentro. Mas esta manifestava uma alegria de existir maior que a saudade que sentia de África. É que a andorinha não estava sozinha, mas amparada. Eu explico...

No decurso das viagens, sempre que uma andorinha adoecia ou ficava ferida, logo as duas mais próximas abandonavam o bando, para a acompanhar e proteger, somente regressando ao aconchego de um outro bando em migração quando a andorinha que protegiam recuperasse a capacidade de voar, ou morresse. E eu bem vi, ao longo de um longo inverno, um ninho de lama a abarrotar do calor de três pares de asas negras. Assim, as gaivotas receberam dessas andorinhas que sonhavam com o regresso da primavera mais uma prova de que a solidariedade não era uma palavra vã.

Nesse distante mês de outubro dos primeiros anos deste século, os primeiros frios de outono foram temperados com a chegada de pássaros de todas as cores e origens, que, seguindo o exemplo das andorinhas solidárias, acorriam em auxílio da escola das aves. E já não era apenas uma escola que urgia perseverar, mas todas as escolas onde, sob múltiplas formas esboçado, o futuro despontava.

Seu avô José

Os dias do fim do cerco

Algures, em 12 de setembro de 2007

Querida Alice,

Nesta carta lhe darei notícias do fim do cerco, notícias calmas, não as de uma esperada agonia. Também lhe falarei da generosidade dos pelicanos. Como lhe disse na última carta, pássaros de todas as cores e origens acorreram a proteger a escola das aves. A voz de milhares de pássaros atravessou o cerco, fez-se ouvir para além das ameaçadoras nuvens que pairavam sobre uma escola onde algumas gaivotas velavam pela sorte de centenas de aves indefesas.

Ainda que algumas aves do desperdício ainda esboçassem derradeiros intentos predadores, a escola das aves resistia. Enquanto um ou outro papagaio hipotecava a alma a troco de favores de passarões mandantes e continuava a espalhar boatos, as gaivotas recuperavam ânimo na contemplação do pôr-do-sol, cada dia diferente de

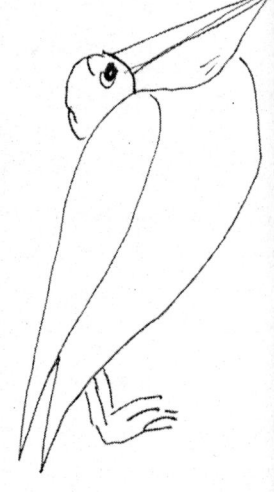

outros dias, sempre belo e gratuito, cada noite anunciando dias mais claros e céus mais azuis. Nada logravam as vozes de aves agoirentas contra a limpidez do canto de milhares de solidárias aves.

Entre as aves doentes que cercavam a escola das gaivotas resistentes, os excessos de infâmia eram comuns. Mas as malévolas investidas eram serenamente repelidas pela tranqüilizadora quietude dos pelicanos. Durante todo o tempo que durou o cerco, essa ave se destacou por sua capacidade de dedicação e sacrifício. Certamente você reparou, querida Alice, que este seu avô atribuiu nomes humanos a seres ornitológicos. É porque não me sobra engenho para reinventar a adulterada linguagem dos homens (um pássaro perfeito, que para sempre se perdeu nos desertos de África, escreveu que a linguagem dos homens passou a ser fonte de mal-entendidos).[24] Nem conseguiria lograr alcançar a compreensão de ocultos saberes que só as aves preservam – entre os quais avultam o da simplicidade e o do amor pelas rosas – para que pudesse atribuir o exato nome à exata essência. Confessada a minha incapacidade para ascender aos limites apenas alcançados pela sensibilidade dos pássaros, chamemos Manuel ao nosso pelicano (em hebraico, Manuel significa *Immanu-el*, "Deus connosco"). Pois, se esse pelicano representava todos os pais das jovens aves, bem poderia ser

---

[24] Referência à frase "A linguagem é uma eterna fonte de mal-entendidos", do livro *O pequeno príncipe;* Exupery morreu em 1944, durante a Segunda Grande Guerra, quando seu avião foi abatido.

considerado o pai entre pais.

O chefe dos pássaros, talvez enganado pelos abutres, havia quebrado promessas feitas e deixara a escola das aves sem condições de dar abrigo aos jovens aprendizes de vôo. Mas, quando os sitiadores já se convenciam de que a ignomínia compensa, os céus antes tingidos pela ignorância e a crueldade de tenebrosos pássaros readquiriram novos e luminosos matizes, quando afagados pelos ecos da bondade dos pelicanos, que se mantinham atentos ao evoluir da tempestade. O pelicano Manuel quase não dormia. A noite surpreendia-o postado diante da escola. A manhã seguinte era testemunha da sua presença vigilante.

A heráldica representa o pelicano de pé, asas abertas, abrindo o peito com o bico, dele escorrendo gotas de sangue com que sustentam os filhos. É verdade, Alice, algumas espécies chegam mesmo a deixar-se devorar pelas crias. Morrem para dar vida. E o pelicano Manuel estava mesmo decidido a pôr em risco a sua vida, se preciso fosse, para que os filhos de todos os pássaros não ficassem órfãos de ternura.

Quanta bondade cabia nas asas desse pelicano! Absorvido pelo cuidar dos outros, não cuidava de si. E confiava, cegamente confiava que a bondade habitava todas as almas. O pelicano Manuel não intuía fraquezas, dissimulação ou maldade nos gestos de outros pássaros. Observava as aves do céu, que não

semeavam, nem ceifavam, nem ajuntavam alimento em celeiros. E cultivava a mesma esperançosa canseira da ditosa infância que recolhe pássaros caídos dos ninhos, deles cuida com esmero, e solta-os logo que recuperam o dom de voar. Era assim esse maravilhoso pelicano. E, talvez por força de sua estranha fé, algo inesperado aconteceu: gaivotas de uma outra escola abriram as suas portas à magia das gaivotas da escola das aves. Porque outras escolas também eram habitadas por gaivotas. Em todas as escolas as havia, ainda que discretas, aferrolhadas numa sala – não fosse o diabo tecê-las e algum pássaro porquenim espreitasse e fosse contar pecadilhos a um porquenão. Ano após ano, essas clandestinas gaivotas de outras escolas fingiam ensinar a todos como se fossem um só, num equilíbrio precário, quase a soçobrar perante a perfídia dos porquenãos. E foram essas gaivotas solitárias que manifestaram o ensejo de acolher duas gaivotas e alguns pássaros aprendizes da escola das aves.

As andorinhas resistentes avisavam as gaivotas de que seria arriscado construir ninhos em beirais alheios. Mas o pelicano Manuel não imaginava as gaivotas agindo como cucos usurpadores de ninhos. Convicto da bondade das gaivotas hospitaleiras, enviou mensageiros e lançou-se no afã de preparar a partida das jovens aves. O pelicano Manuel era assim: não abdicava de sua estranha fé, uma fé que lhe dizia não existir amor verdadeiro sem desprendimento e confiança.

Seu avô José

Como é que o guacho coloca o primeiro graveto?

Algures, em 13 de setembro de 2007

Querida Alice,

Você se lembra de que uma outra escola acolheu em seu seio duas gaivotas e pássaros aprendizes, que partiram da escola das aves levando na bagagem gestos e saberes adquiridos nas origens, mas também o desprendimento e a confiança necessários à construção de novos ninhos. Faltaria apenas entender os sinais e os perfumes de outros pássaros, sentir o pulsar de outros lugares, outras verdades. Pois, como disse o Pássaro Encantado (de que lhe falei em outra carta), a verdade não é uma só, nem é só nossa, vivendo, sob múltiplas formas, em todas as pessoas e em todos os pássaros.

Os primeiros tempos foram de prudente expectativa, mas também de disponibilidade. Em tudo o que se relacionasse com as aprendizagens que os jovens pássaros devessem fazer, seria de fazer também a pergunta fundadora: seriam os pássaros ensinantes (quer os recém-chegados, quer os residentes) capazes de assumir a construção em comum de um *locus* de aprendizagens que fizesse dos aprendizes pássaros sábios e felizes?

As gaivotas sabiam que tais aprendizagens não seriam viáveis em processos de transmissão como o dos vasos comunicantes, mas que se colariam às asas se o vôo ensinado fosse colado à vida; todavia, estavam receptivas a diferentes saberes de diferentes pássaros. As gaivotas migrantes apercebiam-se das sombras projetadas de abutres voando em círculo e da proximidade de múltiplos perigos; porém, generosas até à morte, as gaivotas recém-chegadas acolhiam o jeito de asas das gaivotas hospitaleiras e buscavam a compreensão de um novo canto, sussurrando aos ouvidos das jovens aves a harmonia que se respira nos gestos de um guacho.

O guacho é um pássaro que constrói o seu ninho suspenso de um ramo. Perplexo ante a mestria exigida pela construção desse ninho, o Pássaro Encantado interrogava-se: como é que o guacho coloca o primeiro graveto para construir o seu ninho?[25]

---

[25] Referência ao seguinte texto de Rubem Alves: *"Guaxo é um pássaro que constrói ninhos do tamanho e forma de uma jaca. São feitos com pauzinhos trançados em torno de um ramo pendente de uma árvore. Já tentei desmontar um – não consegui, tão bom era o tecido dos pauzinhos. Minha pergunta, desde menino: Como é que o guaxo pôs o primeiro pauzinho em torno do ramo? Quem o segurou enquanto ele ia buscar o outro? Como foi que o diretor da Escola da Ponte, o professor José Pacheco, 'guaxo-mór', colocou o primeiro pauzinho para fazer a Escola da Ponte?"* Correio Popular, Caderno C, 18/6/2000, publicado originalmente com o título: "A Escola da Ponte 5". Disponível na internet via <http://www.rubemalves.com.br/hall/wwpct2/newfiles/ce7.php>

O guacho não perdera a memória do tempo de um viver em comum (como um), a memória de um tempo sem resquícios de rivalidades que assegurassem a exclusiva posse de um território ou arrastassem pássaros para tentações de subjugação dos seres nele confinados. O guacho apenas vivia para construir ninhos. E sabia que, para instalar os frágeis alicerces da estrutura que serviria de berço à sua prole, para enlaçar o segundo dos gravetos no ramo pendente sobre o abismo, precisaria de dois bicos fraternos e solidários segurando o primeiro. Ao construir os seus ninhos suspensos sobre as águas, o guacho dava lições de arquitetura. Possuía os saberes dos construtores de pontes, sabia que toda a ponte tem dois sentidos e que as pontes estabelecem sempre uma transição entre o que é e o porvir...

O guacho detinha ainda a faculdade de fazer outras pontes, pois entendia e sabia reproduzir os cantos de outros pássaros. Como disse o Pássaro Encantado, *quando se fala com amor, cada palavra que se diz é uma revelação daquele que fala*. Daí que, na Babel em que freqüentemente se transformava a sociedade dos pássaros, o guacho estabelecesse pontes de entendimento entre diferentes linguagens, abrisse janelas sobre a lucidez dos dias, levasse o alimento da palavra simples e pura até às raízes dialógicas, até que o que padecesse de aridez se transformasse em comunicação fértil.

É sempre bom relembrar exercícios de solidariedade porque, nesses conturbados tempos do princípio deste século, os gestos fraternos eram escassos. E também porque a solidão é, muitas vezes, o destino de pássaros a quem calha por sina o conhecimento e a bondade. Um pássaro chamado Tomás de Aquino[26] escreveu que o dom da inteligência está associado ao dom das lágrimas. Porém, o sal do pranto vertido não corroeu o sagrado destino dessas gaivotas.

É sempre útil recordar que, quando as gaivotas desta história decidiram abalar dos rochedos junto ao mar, indo à aventura terra adentro, até desaguarem do seu longo peregrinar numa terra entre dois rios, nada conseguiriam se as gaivotas de outras margens se recusassem a partilhar a construção e a coabitação de ninhos onde jovens aprendizes de vôo aprendessem o voar mais longe. E que foi na observação atenta do guacho edificando ninhos que as gaivotas se iniciaram numa sabedoria que não se adquire na contemplação de reflexos num espelho.

Quando a primavera aporta os rituais de sedução e a azáfama do acasalamento nas copas das árvores, mercê de insondáveis e latentes desígnios, sucedem-se as cópulas que asseguram a perenidade das espécies, sem que o instinto se sobreponha ao

---

[26] São Tomás de Aquino (1227-1274), filósofo italiano.

cotio da liberdade. Porém, muitas aves ignoram a finalidade de seus atos – o que não é o caso do guacho. Poderia dizer-se instintivo o ato paciente e fraterno de juntar um galho a outro galho, até se completar um ninho. Eu diria ser mais um ato religioso. Que mania dos seres humanos considerar que não é da natureza dos pássaros o *re-ligare*![27] Que estranha presunção dos seres humanos considerar que os pássaros sejam desprovidos de alma e que a construção do ninho de um guacho não seja um ato de intensa comunicação de alma para alma entre pássaros construtores.

Seu avô José

---

[27] Do verbo latino *religare* (ligar, unir) deriva a palavra religião.

O canto das almas sensíveis

Algures, em 14 de setembro de 2007

Querida Alice,

Foram muitas as lágrimas da partida e muitas foram as vertidas nos reencontros (não acredite naqueles que dizem que os pássaros não choram). Foram muitos os vôos das aves aprendizes de retorno ao ninho original. Foram tempos de tensa expectativa os primeiros tempos, tempos de ambigüidade, de apreensão, mas também de teimosa confiança.

Como pombas com ramos de oliveira atravessados nos bicos, as jovens aves aprendizes estabeleciam laços, lançavam alicerces das pontes que levavam dentro de si, nas faldas das margens a unir. Não importava a tumultuosa torrente que ameaçava fazer ruir as frágeis fundações. Não importava que horrendas fauces assomassem nos itinerários construtores. O medo não era sentimento que as jovens almas cultivassem. Aliás, uma das gaivotas encontrou recados de despedida deixados na escola das aves. Um desses recados de pássaro aprendiz (a que poderíamos chamar Cláudia ou Vanessa) dizia: *Hoje, sinto-me quase feliz, à beira de voar sonhos novos. Medo não sinto. E até o inesperado me fascina. É um sentimento forte e, ao mesmo tempo, leve e doce. Medo não sinto, porque não parto sozinha.* Numa outra mensagem (nas palavras puras de uma Joana ou de um André…) lia-se: *quero agradecer o terem acreditado em mim, fazendo-me sentir como é bom aprender ensinando.* E, para não ser fastidioso, apenas mais um excerto do canto dessas almas sensíveis (a que poderíamos chamar Tiago ou Constança): *como era bom ver os professores começarem cada dia com um sorriso, o sorriso que levo comigo para a nova escola, e cuja recordação faz coceguinhas no meu coração.*

Como escreveu um rouxinol chamado Ruy Belo,[28] são pássaros assim que fazem cantar as árvores. Se a elas estão ligadas pela carícia das ramagens, não as possuem. Se a nostalgia dos verdes anos os atraem para frondosos rumorejares, também arriscam partir, sobrevoando povoados e descendo ao mundo apenas para colher energia para novos vôos. Os pássaros de alma sensível entendem o exemplo da cotovia, que nidifica em terra firme, junto aos ninhos de aves irmãs, mas que também se lança em vôo na vastidão de espaços desertos. Que até se esquece que o seu canto líquido é, por vezes, tão estridente, que levou um poeta a pedir-lhe que *cantasse mais devagar.*[29] E, por falar na

---

[28] Ruy Belo (1933-1978), considerado um dos mais importantes poetas portugueses da segunda metade do século XX.

[29] Referência ao poeta português António Nobre (1867-1900) e a seu poema "O sono do João": "…/ O João dorme… (Ó Maria, / Diz àquela cotovia / Que fale mais devagar: / Não vá o João acordar…) …".

cotovia, talvez seja a altura de lhe recordar algumas personagens e de as convocar para o epílogo que se avizinha. Porque elas sempre estiveram por detrás de tudo o que de belo, ou de menos belo, foi sucedendo.

No canto das almas sensíveis não cabem trinados de medo. Mas não nos esqueçamos de que, em todos os dias futuros de todas as escolas, a par do canto das almas sensíveis, o borogóvio – pássaro lastimável por ter aparência de pássaro sério – há de continuar a instigar a regra do "sempre foi assim"; os porquenãos hão de continuar obstinados no fazer sem saber explicar por que fazer e *porque é assim... e pronto!*; e importa também convocar os porquenins (aves sempre de acordo ora com uns ora com outros, conforme a ocasião); e o papagaio (que repete e não reflete, e que é surdo ao reparo inteligente).

Como diria um outro rouxinol (que tinha por nome Pessoa), se deixasse de haver seres horríveis, o mundo ficaria mais pobre, só porque teriam deixado de existir. Nem as gaivotas, na sua infinita compaixão, desejariam sequer imaginar que um qualquer jovem (des)humano sublimasse num tiro de espingarda as suas juvenis frustrações, suspendendo em chumbo certeiro os vôos dessas aves de má memória.

Foi o amor sempre presente no canto das almas sensíveis que comoveu as almas empedernidas dos abutres, dos papagaios, dos porquenãos, dos borogóvios e das falsas negrelas, e redimiu-as do pecado da ignorância e da maldade. A doce paciência das almas sensíveis ajudou os pássaros doentes a não terem medo da luz diurna, a não fechar os olhos à claridade. Ajudou as falsas negrelas a sentirem a misteriosa fragrância das flores da beira-rio, em ambas as margens dos rios. Ensinou os papagaios a entenderem os segredos contados nos murmúrios do vento enlaçando os canaviais. Convenceu porquenãos e porquenins da inutilidade da sua azáfama de pássaros rotineiros. Foi o canto das almas sensíveis que ensinou aos abutres ser possível *"voar numa cor, para aprender a ser morte ou borboleta".*

Querida Alice, amanhã será o seu primeiro dia de escola. Irei esperá-la na entrada desse novo mundo que a espera, para lhe entregar a última das cartas que quis lhe escrever. Hoje, apenas acrescentarei que, nos anos que sucederam aos dramáticos acontecimentos que venho narrando, as gaivotas que sofreram o fustigar das asas por ventos contrários aprenderam no canto das almas sensíveis a arte de voar com todos os ventos... sem esquecer que *o importante é a direção.*

Quero lhe dizer também que, no decorrer do tempo que separa o dia em que você nasceu do dia em que irá à escola, o mar azul que vê da janela de sua casa *pintou de branco o vôo das gaivotas.*

Seu avô José

A moral da história

Algures, em 15 de setembro de 2007

Querida Alice,

Aqui estou, entregando-lhe este montinho de cartas. Quando a decifração dos códigos da linguagem dos homens lhe permitir, você há de lê-las. São tantas quantos os dias que mediaram o dia de você completar seis anos e o dia de ir à escola. Esta é a última das cartas, mas não o fim da história. Este é o dia de sua primeira ida à escola, o início de uma outra história. E ambas terão os desfechos que lhe quiser dar.

A vida é uma história sempre inacabada a que podemos conferir diferentes desenlaces. Basta que não nos confinemos aos estreitos limites do entendimento das coisas e dos seres deste nosso tempo da proto-história dos homens. Quando, depois de extintos os ecos do tempo da história, os homens acederem à era do espírito, hão de entender a fragilidade dos paradigmas que sustentavam as suas ciências. Hão de reconhecer como aparentes as suas imutáveis realidades. Hão de reconhecer a falsa moral de suas histórias, se comparada com a doce amoralidade dos pássaros.

Quero que saiba que, quando os homens acreditavam que o seu mundo era plano e limitava-se aos mediterrânicos limites, já os pássaros sabiam que o planeta tinha forma arredondada, por o terem sobrevoado de ponta a ponta. No tempo em que os homens acreditavam que eram o centro do mundo e viam abismos e monstros na linha do horizonte, os pássaros redefiniam zênites e provavam que o espaço é ilimitado como a música e os sonhos. Onde, antigamente, os homens idealizaram um céu de vida eterna para os seus eleitos, havia pássaros. No lugar onde imaginaram situar-se o trono dos seus deuses, não havia uma *"pomba estúpida"*[30] à medida dos seus medos, mas o espírito dos pássaros. Quando os desvendadores dos segredos dos mares atingiram novos mundos, encontraram pássaros. Quando os homens voaram até a Lua e dela contemplaram o planeta azul, compreenderam que o azul que os separava do imenso e negro espaço não tinha segredos para os pássaros que, há séculos, o habitavam. E quando os astrônomos espreitaram através de potentes *telescópios, penetrando distantes galáxias e confirmando a antiga predição de que o que está por baixo é igual ao que está no alto, viram pássaros invisíveis pousados no asteróide B 612.*[31]

Para você, querida Alice, é natural o modo doce como a escola

---

[30] Referência ao "Poema do Menino Jesus", de Fernando Pessoa (heterônimo Alberto Caeiro): "...O seu pai era duas pessoas / Um velho chamado José, que era carpinteiro, / E que não era pai dele; / E o outro pai era uma pomba estúpida, / A única pomba feia do mundo / Porque nem era do mundo nem era pomba."

[31] Referência ao asteróide B 612, onde morava o personagem de *O pequeno príncipe.*

a acolhe. Neste *primeiro dia do resto de sua vida*[32] parece que sempre foi assim. Mas, para que você pudesse gostar de ir à escola, muitos foram os pássaros que sofreram a dor de um tempo em que as gaivotas se condoíam de ver jovens pássaros amontoados em celas de concreto, vigiados nos mínimos gestos. Por mais inverossímil que possa parecer, era mesmo assim, querida Alice. A curiosidade infantil acabava desfeita em submissões. Mas, como disse, as histórias acabam como nós quisermos que acabem...

No tempo em que nasceu o seu irmão Rafael (é nome de anjo e não terá sido por acaso que seus pais o deram), conheci uma gentil gaivota de nome Angélica. Nem precisaria de tal nome, para sabermos que o era. Juro que não inventei o nome, apesar de humanos mais céticos poderem pensar que minto. São lugares de verdade, são seres verdadeiros aqueles de que lhe venho narrando feitos e peripécias. Você sabe bem que os seres e os nomes são o que nós quisermos que sejam. Você sabe

---

[32] Referência aos versos de "O primeiro dia", do cantor e compositor português Sérgio Godinho (n. 1945): "e vem-nos à memória uma frase batida / hoje é o primeiro dia do resto da tua vida."

que não é por acaso que haverá acasos e que as coisas se vão entrelaçando e tomando forma, fazendo sentido, e você acredita que ser angélica, no presente caso, não é ficção. Existiu. E foi como um anjo da guarda das iluminuras. A avançada idade da gaivota Angélica havia muito a afastara do ensinar aprendendo, já não lhe consentia o voar errante de outros tempos. Mas acolhia numa espécie de tálamo de experiência e bondade jovens gaivotas indefesas perante as arremetidas de avestruzes que, possuindo asas, ignoravam a sua utilidade. Até o fim de seus dias nesta terra dos homens e dos pássaros, Angélica contagiava as jovens gaivotas ensinantes com o seu solidário saber experiencial, apaziguando angústias, conferindo-lhes alento para defrontar os perigos.

Aprendi com essa angélica gaivota que a morte é uma invenção dos homens e um conceito incompreensível para os pássaros. Os homens poderão morrer, mas os pássaros regressam sempre. E, quando caminhamos para velhos, quando o tempo foge enquanto a eternidade avança, é comum suceder um inusitado retorno à infância, sentir-se uma estranha nostalgia de não sei quê, que também sinto. Creio que também terei saudades quando chegar a minha vez de regressar ao lugar de onde terei vindo e para onde partiu antes do tempo uma outra gaivota de nome Luísa. Mas também sei que você saberá reinventar o mundo e as histórias que eu lhe deixar. Se você, com o aprender a ler, desvendar mistérios e ousar pôr asas na imaginação, inevitavelmente irá se confrontar, minha querida neta, com a perfídia e a ignorância do seu tempo. A mesma perfídia e a mesma ignorância com que as gaivotas da escola das aves se confrontaram, no tempo em que você nasceu. Mas

não deixe de acreditar. Acredite sempre. Ainda que lhe digam que é loucura, que a apelidem de utópica, não fique na amargura de ninhos desfeitos, nem espere a compreensão dos homens. Busque a sabedoria dos pássaros. Deixe fluir a torrente dos dias invulgares que vem de muito dentro de você.

Um rouxinol de nome Góis (não é aquele que você pensa e que a Santa Inquisição assassinou, mas um seu homônimo mais discreto), cantava que *não se vendem moças de amar, nem certas estrelas, nem dunas de areia*.[33] E o silêncio que possam lhe impor cantará num secreto jardim melodias imperceptíveis aos

---

[33] Referência a Damião de Góis (1502-1574), escritor humanista português perseguido pela Inquisição, e a Luís Góis (n. 1933), compositor e intérprete português, autor de fados e baladas de Coimbra, e de "Como uma ave ou um rio": "... Não vendem ondas do mar / nem brisas ou estrelas, sol ou lua cheia / não vendem moças de amar / nem certas janelas, nem dunas de areia / Canta canta como uma ave ou um rio...".

ouvidos dos pássaros sem alma. E, por falar em jardim e do que vem de dentro, veio-me à memória um conto escrito pelo Oscar,[34] um pássaro que voou acima das palavras habituais e que foi considerado demoníaco (convém não esquecer que o demônio também é um anjo). Fala-nos de um rouxinol que, num infausto instante, escutou a voz de um adolescente apaixonado, que reclamava uma rosa vermelha para oferecer a sua amada.

O rouxinol voou urgente, em busca da rosa vermelha, sem lograr encontrá-la. A roseira queixou-se de que o inverno lhe gelara a seiva e lhe queimara todos os botões. Mas, apercebendo-se da imensa bondade do pássaro, disse-lhe que seria possível transformar uma rosa branca em rosa vermelha. Bastaria que o rouxinol aceitasse tingi-la com o seu sangue, deixando que um espinho lhe trespassasse o coração, enquanto cantasse o derradeiro canto. Seria o sangue da avezinha que, saciando a sede de cor daquela rosa, a iria carminar... (não queira saber da conclusão da história, querida Alice, invente-a!)

A garça Cláudia enviou-me o texto de um Gabriel (também é nome de anjo), que falava de uma outra Alice, que achou muito

---

[34] Referência ao conto "O rouxinol e a rosa", do escritor irlandês Oscar Wilde (1854-1900).

natural que um coelho lhe dirigisse a fala e lhe sugerisse abrir uma porta que dava acesso a um belo jardim. Essa Alice procurou uma chave, um livro qualquer de magia que a ajudasse a resolver a situação. Mas apenas encontrou um frasquinho com um rótulo, que dizia: "beba-me". Se quisesse ultrapassar a porta que a levaria ao jardim, a Alice dessa história teria de beber...

Deixo as histórias por completar, porque tudo o que é predito é da natureza das coisas inertes. Porque tudo aquilo em que não cabe um pensamento divergente confunde a semente com o gesto. Porque tudo o que é previsível estiola. A vida é um constante recomeço, sem princípio nem fim. Se a cidade de Tecla nunca foi concluída, para que ninguém pudesse iniciar a sua destruição, por que se preocupam os homens em imprimir uma moral e dar desfecho às histórias que inventam? Não é necessário que todos amem rosas vermelhas em detrimento do amor por outras rosas, como não se pode obrigar alguém ao amor puro.

Um destes dias, eu lhe contarei outras histórias e vou-lhe recontar a da Alice e a do rouxinol, se você quiser, mas ao contrário. E você há de extrair a moral dessas histórias e de outras histórias de rouxinóis e de anjos. A sua moral, claro!...

Seu avô José

www.renovagraf.com.br